기초
스페인어

발음부터 회화까지 한 달 안에 완성하는
기초 스페인어

지은이 최혜숙
펴낸이 임상진
펴낸곳 (주)넥서스

초판 1쇄 발행 2004년 1월 20일
초판 9쇄 발행 2007년 7월 15일

2판 1쇄 발행 2008년 4월 20일
2판 4쇄 발행 2013년 5월 10일

3판 1쇄 발행 2014년 2월 10일
3판 8쇄 발행 2023년 7월 1일

4판 1쇄 인쇄 2025년 10월 25일
4판 1쇄 발행 2025년 11월 5일

출판신고 1992년 4월 3일 제311-2002-2호
주소 10880 경기도 파주시 지목로 5
전화 (02)330-5500 팩스 (02)330-5555
ISBN 979-11-94643-91-3 13770

저자와 출판사의 허락 없이 내용의 일부를
인용하거나 발췌하는 것을 금합니다.
저자와의 협의에 따라서 인지는 붙이지 않습니다.

가격은 뒤표지에 있습니다.
잘못 만들어진 책은 구입처에서 바꾸어 드립니다.

www.nexusbook.com

발음부터 회화까지 한 달 안에 완성하는

기초 스페인어

최혜숙 지음

초급자를 위한 회화 중심 첫 교재

✸ 여는 글 ✸

어느 나라 말이건 외국어를 배운다는 것은 약간의 설렘과 동시에 두려움이 앞서는 것이 사실입니다. 개인적인 흥미로 배운다면 그다지 문제될 것이 없으나, 어떤 의무감이나 필요에 의해 급히 배워야 할 상황이라면 부담감은 더욱 클 것임에 틀림없습니다. 하지만 스페인어에 대해서는 그런 무거운 짐들은 다 내려놓길 바랍니다. 왜냐하면 스페인어는 당신이 노크를 하기만 하면 기다렸다는 듯이 적극적이고도 애교 있게 다가올 것이 분명하니까요.

간단하면서도 명쾌한 발음, 비교적 체계가 잘 잡혀진 문법, 융통성이 허용되는 자유로운 어순, 로망스어로 영어와 뿌리가 같아 유사성이 많은 단어들······. 그러나 그 무엇보다도 불안해하는 우리들의 마음을 편안하게 해주는 것은 자신들의 모국어를 구사하는 외국인에 대한 그들의 관대한 태도입니다. 조금 틀려도, 또 우물거리며 헤매도 그들 앞에선 그것이 전혀 문제가 되지 않으니까요. 끝까지 들어주고 때로는 오히려 고쳐주기까지 하는 사람들입니다.

어차피 외국어는 외국어일 수밖에 없습니다. 그 나라의 문화와 정서가 고스란히 녹아 흐르는 언어를 다른 나라 사람이 마스터할 수는 없는 일이기 때문입니다. 결국 우리의 목표는 원활한 의사소통이 가능해지게 하는 것이니까요. 그러한 취지에서 스페인어의 기초적인 대화를 위해 이 책을 여러분 앞에 내놓습니다.

반드시 문법을 먼저 해야 회화를 할 수 있다는 선입견은 버리길 바라면서 가장 쉽고 유용한 회화의 모델을 제시했고, 조금 더 활용하기를 바라는 분들을 위해 해당 문법 사항을 덧붙였습니다. 급한 분들은 기본 회화 문형만이라도 잘 기억해 두시면 많은 도움이 되리라 생각합니다.

멀지 않은 미래에, 미국에선 아마도 영어와 스페인어를 공용어로 채택할 수밖에 없을 거라는 미국 사회학자들의 말을 굳이 인용하지 않더라도 이미 전 세계적으로 가장 많은 언어 인구를 차지하고 있는 스페인어. 특히 K-pop과 K-문화 열풍이 강타하고 있는 중남미 대륙을 염두에 둔다면, 스페인어는 반드시 배울 가치가 있는 로망의 언어임이 틀림없습니다.

그러나 그런 실용적 측면을 강조하기 전에, 여전히 신비로 가득한 미지의 세계인 중남미와 항상 우리의 마음을 들뜨게 하는 플라멩코의 기타, 또 그 기타에 실린 아름다운 선율을 즐기기 위해서라도 이 스페인어 회화책 한 권쯤은 항상 곁에 두는 그런 문화적 여유를 누릴 수 있길 바랍니다.

최혜숙

이 책의 구성 및 활용법

이 책의 가장 두드러진 특징을 말한다면, 딱 두 마디로 표현할 수 있습니다. "쉽다", 그리고 "명쾌하다"입니다. 첫 번째 특징인 **"쉽다"**는 우선, 기초적인 회화를 위한 책인 만큼, 아주 쉬우면서도 현재 가장 많이 쓰이는 대화체를 사용함으로써, 누구나 서너 번만 반복해서 듣고 따라 읽으면, 바로 대화를 할 수 있습니다. 두 번째 특징인 **"명쾌하다"**는, 말을 잘하기 위해선 반드시 문법이 우선 해야 한다는 편견은 과감히 벗어던지고, 단지 회화를 위한 뼈대로서의 최소한의 문법 사항만을 깔끔하면서도 체계적으로 정리하여 여러분의 고민과 부담감을 확실하게 없앴습니다.

그럼 이 책의 내용이 어떤 점들을 고려하면서 만들어졌는지 구체적으로 살펴볼까요?

기초편

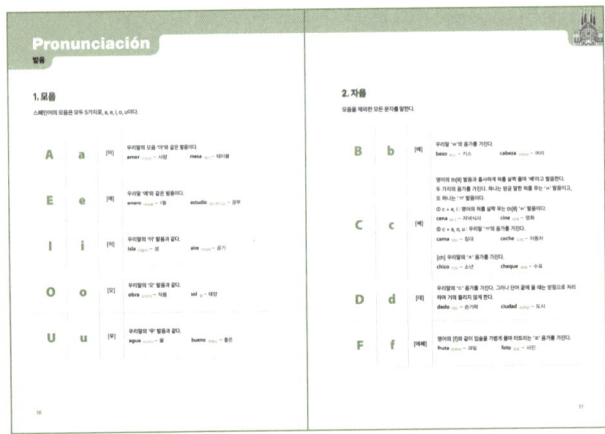

스페인어에 대한 기초 지식으로 **알파베또(Alfabeto), 발음(Pronunciación), 강세(Acento), 기초 문법(Gramática básica)**을 배우는 코너입니다.

회화편

단원의 도입
각 과에서는 주로 어떤 내용을 다룰지 개괄과 동시에 여러분의 호기심을 불러일으키는 글로서 여러분을 히스패닉 세계로 안내하고 있습니다.

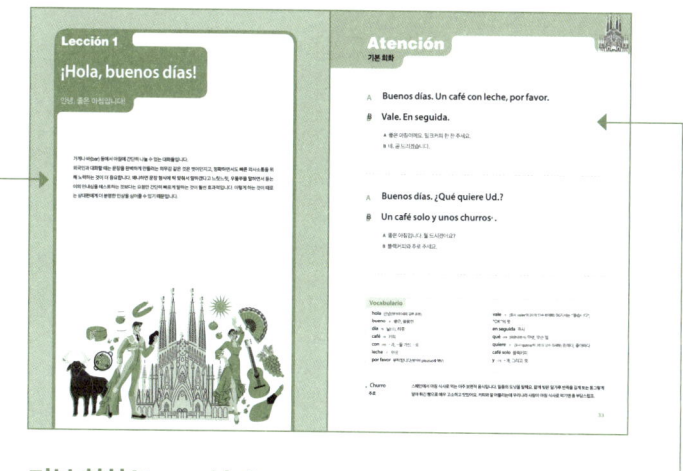

기본 회화(Atención)
각 과마다 가장 기본적인 주요 표현을 두 개씩 제시하고 있습니다. 그 내용은 모두 다른 상황에서의 회화를 보여주고 있으며, 동시에 기초 문법의 흐름과도 자연스럽게 연결되고 있습니다. 또한 본문에 나오는 단어들은 거의 모두 꼼꼼히 정리해 두어 사전을 따로 찾아볼 필요가 없습니다.

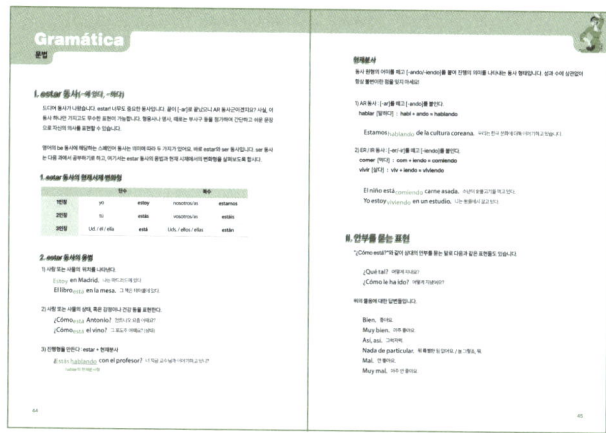

문법(Gramática)
꼭 알아야할 문법사항만을 정리해 넣었습니다. 처음 스페인어를 접하시는 분이라도 이 정도만 아시면 간단한 일상의 대화를 하는 데는 전혀 무리가 없을 것입니다. '양'의 문제가 아니라 '질'의 문제니까요.

- ### 실전 회화(Diálogos)
주요 표현을 익힌 후, 한 차원 업그레이드된 회화를 맛보는 단계로서 실제 상황에서 일어날 수 있는 자연스런 대화를 연습해 보도록 하였습니다. 일상에서 많이 쓰는 관용 표현과 단어의 선별에 특히 신경을 쓴 부분입니다.

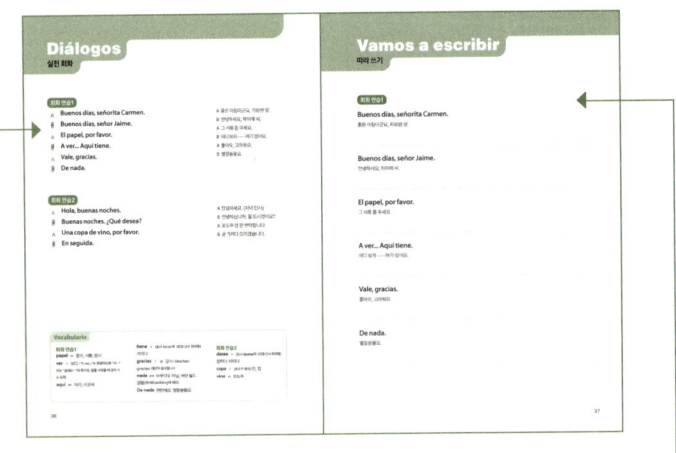

따라 쓰기(Vamos a escribir)
각 단원의 실전 회화를 따라 써 보면서 한 번 더 익히는 단계입니다. 문장을 입으로 발음하면서 직접 손으로 따라 쓰는 과정을 통해 보다 명확하게 표현들을 기억하게 됩니다.

- ### 연습 문제(Ejercicios)
각 과에서 익힌 표현과 문법사항들을 확인, 검토하는 단계입니다. 글을 써 보면서 또는 문장을 읽어 보면서 자신의 취약점을 체크할 수 있도록 하였습니다.

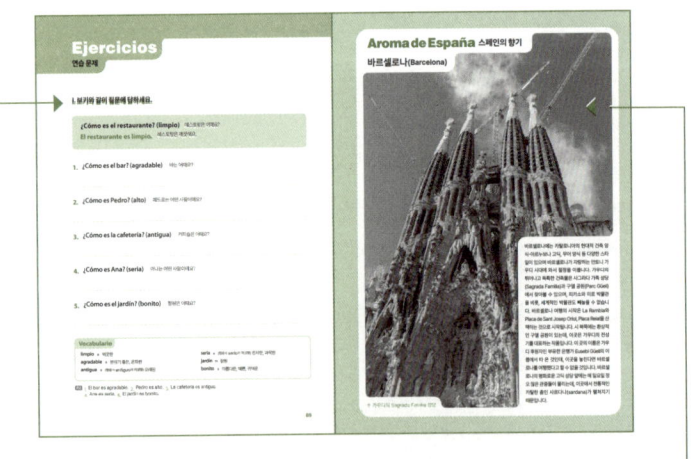

스페인의 향기(Aroma de España)
차 한 잔 마시고 지나가는 기분으로 단원이 끝나는 즈음, 여러분이 조금이나마 스페인 또는 중남미의 향취를 느껴볼 수 있도록 미술, 음악, 문화, 역사 등 다양한 차원에서 조금씩 다뤄 보았습니다.

학습 자료

권말 부록　**주요 표현 정리 • 주요 동사 변화 • 연습 문제 정답 해석**
그 과에서 가장 중요한 표현과 꼭 기억해야할 문형들을 다시 한 번 정리하고 넘어가는 단계입니다. 또한 동사 한 개씩을 선정해 현재형 변화를 보여 줌으로써 여러분의 동사 활용에 도움이 되도록 하였습니다. 그리고 연습 문제의 정답에 대한 우리말 해석도 수록하였습니다.

단어장　**과별로 정리한 본문 어휘집**
책에 나온 모든 단어들을 과 순서대로 정리해 한 권의 포켓용 단어장으로 준비했습니다. 최소한 이 단어장에 나오는 정도만 알고 있어도 기초 수준의 회화를 구사하는 데는 전혀 지장이 없을 것입니다. 휴대하면서 적극 활용해 보십시오.

주요 동사의 현재 변화형
주요 동사의 현재 변화형을 보다 다양하게 수록하였습니다. 동사 활용에 익숙해 질 수 있도록 포켓용 단어장을 휴대하면서 암기해 보세요.

국적 형용사
본문에서 등장하였던 여러 나라의 국적 형용사를 정리하였습니다. 국명과 남성형, 여성형 형용사의 형태를 잘 알아 두세요.

MP3　**원어민 MP3**
스페인과 중남미의 살아 있는 스페인어의 맛을 전달하기 위해 현지인들의 생생한 육성을 그대로 음원에 담았습니다. 두 지역의 스페인어 발음의 차이를 확실하게 느낄 수 있습니다.

주요 동사 변화 MP3
권말 부록에 수록된 주요 동사의 변화를 원어민 발음으로 들어 볼 수 있습니다.

단어장 MP3
단어장에 수록된 본문의 단어들을 원어민 발음으로 듣고 익힐 수 있습니다.

회화 따라 읽기 MP3
기본 회화와 실전 회화를 따라 읽는 훈련을 할 수 있도록 별도로 준비한 훈련용 음원입니다.

PDF　**회화 한글 독음 PDF**
초급자들이 참고할 수 있도록 실제 발음과 최대한 가깝게 한글 독음을 표기한 PDF 파일을 별도로 준비하였습니다.

본문 따라 읽기 스크립트 PDF
기본 회화와 실전 회화를 따라 읽는 훈련을 할 때 편하게 이용할 수 있도록 편집하였습니다.

목차

여는 글 · 4
이 책의 구성 및 활용법 · 6
일러두기 · 12

기초편

01. 알파베또(Alfabeto) · 14
02. 발음(Pronunciación) · 16
03. 강세(Acento) · 22
04. 기초 문법(Gramática básica) · 23

회화편

Lección 1	¡Hola, buenos días! · · · · · · · · · · · · · · · · · · 32
	안녕, 좋은 아침입니다!
Lección 2	¿Cómo está Ud.? · 42
	요즘 어떻게 지내요?
Lección 3	¿De dónde es Ud.? · · · · · · · · · · · · · · · · · · · 52
	당신은 어느 나라 사람입니까?
Lección 4	Su nombre, por favor. · · · · · · · · · · · · · · · · · 62
	이름을 말씀해 주세요.
Lección 5	Y tú, ¿qué haces? · 72
	그럼 넌 무슨 일을 하니?
Lección 6	¿Cómo es él? · 82
	그는 어떤 사람이에요?
Lección 7	¿Qué es esto? · 92
	이것은 무엇입니까?
Lección 8	¿Hay un bar por aquí cerca? · · · · · · · · · 102
	이 근처에 바가 있나요?
Lección 9	¿A dónde va Ud.? · · · · · · · · · · · · · · · · · · · 114
	어디 가세요?

Lección 10	¿Qué vamos a hacer este fin de semana?	124
	이번 주말에 우리는 무엇을 할까요?	
Lección 11	¿Puedes salir conmigo esta noche?	134
	오늘 밤 나와 데이트할 수 있니?	
Lección 12	Quiero una habitación individual.	144
	싱글 룸 하나를 원합니다.	
Lección 13	¿De quién es este cuadro?	154
	이 그림은 누구의 것입니까?	
Lección 14	Tienes que llegar a tiempo a la conferencia.	164
	너는 제시간에 강연회에 도착해야 해.	
Lección 15	¡Hace mucho calor hoy!	174
	오늘 날씨가 무척 덥군요!	
Lección 16	¿A qué hora es el cine?	184
	영화는 몇 시에 시작하나요?	
Lección 17	¿Qué día es hoy?	194
	오늘이 무슨 요일이지요?	
Lección 18	Te llamo desupués de terminar la reunión.	204
	모임이 끝난 뒤에 너에게 전화할게.	
Lección 19	¿Me deja el periódico un momento?	214
	제게 신문을 잠깐 빌려주시겠어요?	
Lección 20	Me gusta mucho la paella.	224
	난 파에야를 무척 좋아해.	
Lección 21	¿Cuánto es este sombrero?	234
	이 모자는 얼마입니까?	
Lección 22	¿A qué hora te levantas?	244
	너는 몇 시에 일어나니?	
Lección 23	Fui al río a pescar.	254
	강으로 낚시를 하러 갔었어요.	
Lección 24	Cuando yo era niño, vivía en un pueblo.	264
	어렸을 때 난 시골에서 살았어.	

 부록

주요 표현 정리 • 주요 동사 변화 • 연습 문제 정답 해석 ········ 275

일러두기

- 본 교재는 개정된 새 철자법을 적용하였습니다.
- 본문에서는 스페인어 단어의 뜻과 함께 품사도 표기하였습니다. 품사의 약어 표기는 아래와 같습니다.

  |v| 동사 | |m| 남성 명사 | |f| 여성 명사 | |pl| 복수 형태

  |a| 형용사 | |adv| 부사 | |conj| 접속사 | |pron| 대명사 | |prep| 전치사

- 학습자료는 넥서스북 홈페이지(www.nexusbook.com)에서 무료로 다운로드하실 수 있습니다.

음원 바로듣기

기초편

01 ｡ 알파베또(Alfabeto)
02 ｡ 발음(Pronunciación)
03 ｡ 강세(Acento)
04 ｡ 기초 문법(Gramática básica)

Alfabeto
알파베또

대문자	소문자	명칭	우리말 음소
A	a	a	아
B	b	be	ㅂ
C	c	ce	ㅅ(ㅆ), ㄲ
D	d	de	ㄷ
E	e	e	에
F	f	efe	ㅍ
G	g	ge	ㄱ, ㅎ
H	h	hache	-
I	i	i	이
J	j	jota	ㅎ
K	k	ka	ㄲ
L	l	ele	ㄹ
M	m	eme	ㅁ
N	n	ene	ㄴ
Ñ	ñ	eñe	'ㄴ' 된소리

대문자	소문자	명칭	우리말 음소
O	o	o	오
P	p	pe	ㅃ
Q	q	qu	ㄲ
R	r	ere	ㄹ
	rr	erre	ㄹ
S	s	ese	ㅅ, ㅆ
T	t	te	ㄸ
U	u	u	우
V	v	uve	ㅂ
W	w	uve doble	외래어 음가
X	x	equis	ㅅ, ㄳ, ㅎ
Y	y	igriega	이, 'ㅇ'과 'ㅈ'의 중간음
Z	z	ceta	ㅆ

- 반진동음이 단어 한가운데에서 날 때를 위한 표기법이므로 rr의 대문자는 존재하지 않는다.
- 스페인 한림원에서는 스페인어의 알파벳 중에서 ch, ll는 독립적인 음가는 갖지만 각각 C, L에 포함된 것으로 간주한다고 결정했다.

Pronunciación

발음

1. 모음

스페인어의 모음은 모두 5가지로, a, e, i, o, u이다.

A	**a**	[아]	우리말의 모음 '아'와 같은 발음이다. **amor** 아모르 – 사랑　　**mesa** 메사 – 테이블
E	**e**	[에]	우리말 '에'와 같은 발음이다. **enero** 에네로 – 1월　　**estudio** 에스뚜디오 – 공부
I	**i**	[이]	우리말의 '이' 발음과 같다. **isla** 이슬라 – 섬　　**aire** 아이레 – 공기
O	**o**	[오]	우리말의 '오' 발음과 같다. **obra** 오브라 – 작품　　**sol** 솔 – 태양
U	**u**	[우]	우리말의 '우' 발음과 같다. **agua** 아구아 – 물　　**bueno** 부에노 – 좋은

2. 자음

모음을 제외한 모든 문자를 말한다.

B	b	[베]	우리말 'ㅂ'의 음가를 가진다. **beso** 베소 – 키스　　　　**cabeza** 까베싸 – 머리
C	c	[쎄]	영어의 th[θ] 발음과 흡사하게 혀를 살짝 물며 '쎄'라고 발음한다. 두 가지의 음가를 가진다. 하나는 방금 말한 혀를 무는 'ㅆ' 발음이고, 또 하나는 'ㄲ' 발음이다. ① c + e, i : 영어의 혀를 살짝 무는 th[θ] 'ㅆ' 발음이다. **cena** 쎄나 – 저녁식사　　　**cine** 씨네 – 영화 ② c + a, o, u : 우리말 'ㄲ'의 음가를 가진다. **cama** 까마 – 침대　　　　**coche** 꼬체 – 자동차 [ch] 우리말의 'ㅊ' 음가를 가진다. **chico** 치꼬 – 소년　　　　**cheque** 체께 – 수표
D	d	[데]	우리말의 'ㄷ' 음가를 가진다. 그러나 단어 끝에 올 때는 받침으로 처리하며 거의 들리지 않게 한다. **dedo** 데도 – 손가락　　　　**ciudad** 씨우닫 – 도시
F	f	[에페]	영어의 [f]와 같이 입술을 가볍게 물며 터트리는 'ㅍ' 음가를 가진다. **fruta** 프루따 – 과일　　　　**foto** 포또 – 사진

Pronunciación
발음

G	**g**	[헤]	앞에 마치 'ㄱ' 받침이 있는 것처럼 파열되는 'ㄱ-헤'로 약간 'ㅋ'에 가까운 발음이다. 경우에 따라 두 가지 음가를 가진다. ① g + e, i : 강한 파열음 'ㅎ' **gente** ㄱ-헨떼 – 사람　　**gitano** ㄱ-히따노 – 집시 ② g + a, o, u : 우리말 'ㄱ'의 음가를 가진다. **amigo** 아미고 – 친구　　**gusto** 구스또 – 취향 ③ 특수 발음: 다음과 같은 경우는, 각각 [gu + e = gue 게], [gu + i = gui 기]로 독자적인 발음을 한다. 그러나 [u] 위에 [¨] (diéresis)가 오면 원래의 음가대로 [güe 구에], [güi 구이]로 발음한다. **guerra** 게-ㄹ라 – 전쟁　　**guía** 기아 – 안내 **vergüenza** 베르구엔싸 – 창피　　**lingüística** 링구이스띠까 – 언어학
H	**h**	[아체]	발음되는 않는 묵음으로 철자로만 존재한다. **hermano** 에르마노 – 형제　　**hielo** 이엘로 – 얼음
J	**j**	[이]	[g]와 비슷한 강한 파열음 'ㅎ'으로 발음한다. **ojo** 오ㄱ-호 – 눈(目)　　**jueves** ㄱ-후에베스 – 목요일
K	**k**	[까]	주로 외래어 표기에 사용하며, 우리말의 'ㄲ' 음가를 가진다. **kilogramo** 낄로그라모 – 킬로그램 **kimono** 끼모노 – 기모노(일본의 전통 옷)
L	**l**	[엘레]	우리말의 'ㄹ' 음가를 가지며, 단어 가운데 오는 경우는 받침 'ㄹ'로 발음해야 한다. **libre** 리브레 – 자유로운　　**salida** 살리다 – 출구 [ll] 'ㅇ'과 'ㅈ'의 중간 발음쯤이라고 생각하면 된다. 즉, lluvia의 경우 [유비아]도 아니고 [쥬비아]도 아닌… 그러나 여기서는 편의상 [ㅈ-유비아]로 표기하기로 한다. **calle** 까ㅈ-예 – 거리　　**llegada** ㅈ-예가다 – 도착

M	**m**	[에메]	우리말의 'ㅁ' 음가를 가진다. **museo** 무세오 – 박물관　　**amor** 아모르 – 사랑
N	**n**	[에네]	우리말의 'ㄴ' 음가를 가진다. 단, 아래 ②번, ③번의 경우만 약간의 주의를 기울이면 되겠다. 발음을 해 보면 인체 구강구조상, 자연스런 발음을 위해서 이런 현상이 일어날 수밖에 없다는 사실을 알게 될 것이다. ① 대부분 우리말의 'ㄴ' 음가를 가진다. **noche** 노체 – 밤(夜)　　**nube** 누베 – 구름 ② n + c, g, j, q = [ŋ : 응] 발음 **banco** 방꼬 – 은행　　**naranja** 나랑ㄱ-하 – 오렌지 ③ n + m, p, v = 우리말의 'ㅁ' 음가를 가진다. **conmigo** 꼼미고 – 나와 함께　**inmenso** 임멘소 – 광대한
Ñ	**ñ**	[에녜]	혀를 아래로 누르는 듯 하면서 '냐', '뇨' 식으로 발음한다. **niña** 니냐 – 소녀 **mañana** 마냐나 – 내일(부사), 아침(명사)
P	**p**	[뻬]	우리말의 'ㅃ' 음가를 가진다. **padre** 빠드레 – 아버지　　**poema** 뽀에마 – 시(詩)
Q	**q**	[꾸]	[ue]와 결합하여 항상 [qu + e = 께], [qu + i = 끼]로만 발음된다. **parque** 빠르께 – 공원　　**quizás** 끼사스 – 아마, 혹시

Pronunciación
발음

R	**r**	[에르-레]	우리말의 'ㄹ' 음가를 가지나 진동음이다. 또한 [L]과 다른 점은 받침으로는 절대 사용되지 않는다는 것이다. 다음의 경우, 특히 강하게 혀끝을 진동시키며 발음한다. ① 단어의 첫 머리에 올 때 **rosa** ㄹ-로사 – 장미　　**rey** ㄹ-레이 – 국왕 ② 자음 l, n, s 등과 결합할 경우 **alrededor** 알ㄹ-레데도르 – 주위에 **sonrisa** 손ㄹ-리사 – 미소
RR	**rr**	[에르-레]	사실은 문자 [R]와 다름없는데, 단어 사이에 왔을 때, 특히 모음과 모음 사이에서 강한 진동발음을 하기 위한 것으로, 일종의 발음기호의 역할을 하는 문자이다. 그러므로 단어 첫머리에는 오지 않는다. **carro** 까ㄹ-로 – 자동차　　**torre** 또ㄹ-레 – 탑
S	**s**	[에세]	우리말의 'ㅅ' 음가를 가진다. 때로는 약간 강하게 'ㅆ' 발음이 날 때도 있다. **sopa** 소빠 – 수프　　**música** 무씨까 – 음악
T	**t**	[떼]	우리말의 'ㄸ' 음가를 가진다. **teatro** 떼아뜨로 – 연극(장)　　**taza** 따싸 – 찻잔
V	**v**	[우베]	우리말의 'ㅂ' 음가를 가진다. [b]와 비슷하게 발음하면 된다. **vino** 비노 – 포도주　　**voz** 보스 – 목소리

W	w	[우베 도블레]	외래어 표기를 위해서만 사용하며, 우리말의 'ㅂ' 또는 'ㅇ' 음가를 가진다. **wisky** 위스키 – 위스키　　**Walter** 왈떼르 – 왈터(人名)
X	x	[에끼스]	대부분 다음의 두 가지 음가로 사용된다. 간혹 토착어 표기일 경우, 'ㅎ' 발음이 나기도 한다. (예. **México** 메ㄱ-히꼬 멕시코) ① x + 자음 = [s : 스] 발음 **extranjero** 에스뜨랑ㄱ – 헤로 – 외국인 **excursión** 에스꾸르씨온 – 소풍 ② 모음 + x + 모음 = [gs : ㄱ스] 발음 **examen** 엑사멘 – 시험　　**existencia** 엑시스뗀씨아 – 존재
Y	y	[이그리예가]	우리말의 '이' 또는 'ㅇ+ㅈ'의 중간 음가를 가진다. (LL의 발음처럼) ① 독립적으로 쓰거나 단어의 끝에 올 경우 : '이'로 발음한다. **y** 이 – 그리고　　**ley** 레이 – 법률 ② y + 모음 : 'ㅇ+ㅈ' 중간 발음 **yo** ㅈ-요 – 나, 자신　　**yerno** ㅈ-예르노 – 사위
Z	z	[쎄따]	영어의 th[θ] 발음과 비슷한 [ㅆ] 발음을 한다. **zoo** 쏘오 – 동물원　　**zapato** 싸빠또 – 구두

Acento
강세

스페인어를 유창하게 사용하기 위해서는 반드시 강세 규칙을 알아야 한다. 말의 강약을 제대로 써야만 자연스러운 뉘앙스를 표현할 수 있고, 때로는 의미 변화까지도 가져다주기 때문이다. 스페인어에서 강세는 [´]로 표시하며 tilde(띨데)라고 한다.

강세 규칙은 다음의 5가지로 요약할 수 있다.

1. 모든 모음(a, e, i, o, u)과 자음 n, s로 끝나는 단어 : 끝에서 두 번째 음절에 강세가 온다.

    ca-sa 까사 – 집　　　　　　　**mon-ta-ña** 몬따냐 – 산
    jo-ven ㄱ-호벤 – 젊은이　　　　**pa-ra-guas** 빠라구아스 – 우산

2. n, s를 제외한 모든 자음으로 끝나는 단어 : 끝에 강세가 온다.

    pa-pel 빠뻴 – 종이　　　　　　**ca-mi-nar** 까미나르 – 걷다

3. 원래 강세를 가지고 있는 단어들은 그대로 외워야 한다.

    adiós 아디오스 – 안녕(작별 인사)　　**café** 까페 – 커피(숍)

4. 단어가 단수에서 복수로 변하면 음절의 변화가 생기는데, 이때 본래 강세의 위치를 유지하기 위해 tilde를 첨가하거나 때로는 생략한다.

    단수　**e-xa-men** 엑사멘 – 시험　　**복수**　**e-xá-me-nes** 엑사메네스 – 시험들

    이때, 만약 [xa]에 tilde를 붙이지 않으면, 강세는 자동으로 [me] 위로 가게 된다. (1의 규칙 때문에)

    단수　**na-ción** 나씨온 – 국가　　**복수**　**na-cio-nes** 나씨오네스 – 국가들

    인위적으로 붙였던 강세 표시 자리에 복수가 되면서 자연스럽게 강세가 오게 되어 tilde가 사라지게 된다.

5. 동음이의어 같은 경우, 강세 표시를 함으로써 서로 다른 단어임을 구별한다. 그러므로 이런 단어들은 반드시 정확하게 표시해 주어야 한다.

    te 떼 – 너를　　　　　　　　　**té** 떼 – 차(茶)
    si 씨 – 만약　　　　　　　　　**sí** 씨 – 네(yes)

Gramática básica
기초 문법

스페인어에 대해 먼저 알아 두어야 하는 것은 성(性)과 수(數)가 있는 음악적인 언어라는 것이다. 이것은 우리말에는 없는 사항이므로 항상 염두에 두어야 하는데, 어느 정도 시간이 지나고 익숙해지면 자연스럽게 사용되어지므로 그리 걱정할 필요는 없다. 성과 수의 변화가 있는 부분은 관사, 명사, 형용사, 이 3가지인데 반드시 성과 수의 일치가 지켜져야 한다.

1. 관사

정관사와 부정관사가 있다. 정관사는 남성 정관사 el(단수), los(복수), 그리고 여성 정관사 la(단수), las(복수)가 있다. 부정관사는 남성 부정관사 un(단수), unos(복수), 그리고 여성 부정관사 una(단수), unas(복수)가 있다.

2. 명사

남성 명사와 여성 명사가 있고 각각 단수, 복수가 있다.

① 명사의 성

남성 명사는 '아버지, 아들' 등과 같이 자연적으로 남성을 나타내는 모든 단어와 끝이 [-o, -r, -ma, -n]으로 끝나는 문법적 남성 단어들이 있다. 여성 명사는 '어머니, 딸'처럼 자연적으로 여성을 나타내는 모든 단어와 끝이 [-a, -d, -ión, -ie, -z, -umbre]로 끝나는 문법적 여성 단어들이 있다.

대부분의 많은 단어들이 남성인 경우 끝이 [-o]로 끝나고, 여성인 경우 끝이 [-a]로 끝난다.

② 명사의 수

끝이 자음인지 모음인지에 따라 만드는 법이 다르다.

자음으로 끝나면 [-es]를 붙여 복수를 만든다. 모음으로 끝나면 [-s]만 붙여 복수를 만든다.

남성 명사의 경우

	정관사	부정관사
단수	el amigo (그) 친구	un amigo 한 친구
복수	los amigos (그) 친구들	unos amigos 여러 친구들

물론 간혹 예외는 있다. 그러나 그 소수의 예외를 생각하느라고 처음 보는 단어가 나왔을 때 사용하기를 너무 주저하지 않기를 바란다. 그 예외는 그렇게 틀려가면서 배우면 되는 것이니까.

3. 형용사

① 성

형용사는 크게 끝이 [-o]로 끝나느냐 아니냐에 따라 두 가지로 나눌 수 있다. 끝이 남성 어미 [-o]로 끝난 형용사는 그것을 [-a]로 바꾸어 여성형으로 만든다. 즉, bonito(보니또: 예쁜)라는 형용사가 남성 명사를 수식할 때는 그대로 쓰면 되지만, 여성 명사를 수식할 때는 bonita로 바꿔야 한다.
끝이 [-o]로 끝나지 않는 형용사는 성의 일치는 없고 수의 일치만 있게 된다.

② 수

명사의 경우와 동일하다. 끝이 자음으로 끝나면 [-es]를 붙여 복수를 만들고, 모음으로 끝나면 [-s]만 붙여 복수를 만든다.

el bolso bonito 예쁜 가방
los bolsos bonitos 예쁜 가방들

la camisa bonita 예쁜 셔츠
las camisas bonitas 예쁜 셔츠들

　　⎡　el **bols**o **grand**e　큰 가방
　　⎣　los **bols**os **grand**es　큰 가방들

　　⎡　la **camis**a **grand**e　큰 셔츠
　　⎣　las **camis**as **grand**es　큰 셔츠들

❸ 위치

문장 내에서 형용사의 위치는 다음과 같이 크게 3가지로 나뉜다.

1) 명사의 앞에 놓는 경우 : 강조하거나 주관적 느낌, 또는 본질적 특성을 표현할 때이다.

　　　la dulce miel　달콤한 꿀
　　　la blanca nieve　흰 눈

＊ '달콤함'은 꿀의 본질적 특성이며, '희다'는 것 역시 눈(雪)의 본질적인 특성이다.

blanca는 본래 [-o]로 끝나는 형용사인데 여성명사 la nieve 앞에서 [-o]가 [-a]로 바뀐 것이다.

2) 명사의 뒤에 놓는 경우 : 가장 일반적인 형태. 주로 객관적이고 논리적인 사실을 묘사할 때이다.

　　　el café dulce　(설탕을 많이 넣어) 달콤한 커피
　　　la casa blanca　흰 집

3) 동사 뒤에 놓이는 경우 : 서술적인 형용사로 사용할 때이다.

　　　El café está dulce.　커피가 달다. (현재의 상태)
　　　La casa es blanca.　그 집은 흰색이다.

4. 주격 인칭대명사

문장 내에서 주어로 쓰이는 인칭은 총 6가지이다. 즉, 1·2·3인칭 단수와 각각의 복수이다. 여기서 주의해야 할 점이 2가지 있다.

첫 번째는 스페인어에서는 주어를 꼭 써야 하는 게 아니란 점이다. 동사의 어미를 보면 주어를 알 수 있기 때문에 굳이 쓸 필요가 없으며, 특히 '나'에 해당하는 yo는 가능한 쓰지 않는 것이 더 세련된 느낌을 준다. 물론, '나'란 의미를 부각시킬 때는 써야 한다.

두 번째는 영어의 you에 해당하는 '너, 당신'의 뜻인 tú와 usted을 구별하는 것인데, tú는 단수 2인칭, usted은 단수 3인칭으로 쓰이며, 차이는 다음과 같다.

tú(단수 2인칭) : 친한 친구, 연인, 또는 가족 사이와 같이 거리감이 없는 사이에서 상대방을 지칭할 때 쓰는 말. 약간 반말 같은 느낌도 있으나, 근본적으로 친밀감을 표현한다.

usted(단수 3인칭) : 처음 보는 사이, 또는 격식을 차려야 하는 사이에서 상대방을 지칭할 때 쓰는 말. 때에 따라 존칭의 의미도 있으나, 근본적으로 거리감을 표현한다. 약자로 Ud.으로 쓴다.

인칭	단수	복수
1	yo 나	nosotros 우리(남자)
		nosotras 우리(여자)
2	tú 너	vosotros 너희(남자)
		vosotras 너희(여자)
3	usted(Ud.) 당신	ustedes(Uds.) 당신들
	él 그	ellos 그들
	ella 그녀	ellas 그녀들

5. 동사

동사는 어미의 형태에 따라 -AR동사, -ER동사, -IR동사로 나뉘며, 각 동사는 주어의 인칭과 시제에 따라 그 어미가 변화한다. 동사원형에서 어미 -ar, -er, -ir을 뗀 나머지를 '어간'이라고 한다.

hablar 말하다 : **habl** + **ar**
동사원형   어간   어미

규칙동사 활용이란, 동사의 어간은 변화시키지 않고 그대로 둔 채, 각 인칭에 따른 고유의 어미를 어간 뒤에 붙임으로써 인칭과 시제를 나타내는 것을 말한다.

① 규칙동사 현재형 I : AR 동사

hablar 말하다 [habl 어간 + -ar 어미]

수	인칭	대명사	어간	상징어미	변화형	발음	의미
단수	1	yo	habl	o	hablo	[아블로]	나는 말한다
	2	tú	habl	as	hablas	[아블라스]	너는 말한다
	3	Ud. / él / ella	habl	a	habla	[아블라]	당신/그/그녀는 말한다
복수	1	nosotros/as	habl	amos	hablamos	[아블라모스]	우리는 말한다
	2	vosotros/as	habl	áis	habláis	[아블라이스]	너희는 말한다
	3	Uds. / ellos / ellas	habl	an	hablan	[아블란]	당신들/그들/그녀들은 말한다

(Yo) **hablo** español. 나는 스페인어를 말한다. (스페인어를 구사할 수 있다.)
(Tú) **hablas** inglés. 너는 영어를 말한다.
María **habla** mucho. 마리아는 말을 많이 한다.
Ellos **hablan** en francés. 그들은 프랑스어로 이야기한다.

② 규칙동사 현재형 II : ER 동사

comer 먹다 [com 어간 + -er 어미]

수	인칭	대명사	어간	상징어미	변화형	발음	의미
단수	1	yo	com	o	como	[꼬모]	나는 먹는다
단수	2	tú	com	es	comes	[꼬메스]	너는 먹는다
단수	3	Ud./él/ella	com	e	come	[꼬메]	당신/그/그녀는 먹는다
복수	1	nosotros/as	com	emos	comemos	[꼬메모스]	우리는 먹는다
복수	2	vosotros/as	com	éis	coméis	[꼬메이스]	너희는 먹는다
복수	3	Uds./ellos/ellas	com	en	comen	[꼬멘]	당신들/그들/그녀들은 먹는다

③ 규칙동사 현재형 III : IR 동사

vivir 살다 [viv 어간 + -ir 어미]

수	인칭	대명사	어간	상징어미	변화형	발음	의미
단수	1	yo	viv	o	vivo	[비보]	나는 산다
단수	2	tú	viv	es	vives	[비베스]	너는 산다
단수	3	Ud./él/ella	viv	e	vive	[비베]	당신/그/그녀는 산다
복수	1	nosotros/as	viv	imos	vivimos	[비비모스]	우리는 산다
복수	2	vosotros/as	viv	ís	vivís	[비비스]	너희는 산다
복수	3	Uds./ellos/ellas	viv	en	viven	[비벤]	당신들/그들/그녀들은 산다

주의

1. 별색 글자로 표시한 음절에 강세를 준다.
2. 강세규칙에 의해 복수 2인칭 vosotros에서는 tilde를 붙여야 한다.
3. 위에서 본 바와 같이 각 인칭별로 고유의 어미를 가지므로 반드시 주어를 써야할 필요는 없다. 특히 단수, 복수 1·2인칭은 주어가 명확하므로 대부분 생략해서 쓴다. 그러나 3인칭은 그 대상이 무수히 많으므로 때에 따라서는 명시를 하는 것이 바람직하다.

* 대부분 동사들은 규칙변화를 한다. 그런데 의외로 주요 동사 중에 불규칙변화를 하는 동사들이 많은 편이므로 주의해야 한다. 그러나 시간을 갖고 조금씩 해 나가면 어느새 자연스럽게 익혀질 것이다. 그러니 쉽다고 자만하지도, 또 어렵다고 포기하지도 말아야겠다.

AR 동사군 : hablar(말하다), cantar(노래하다), estudiar(공부하다) 등
ER 동사군 : comer(먹다), beber(마시다), vender(팔다) 등
IR 동사군 : vivir(살다), escribir(쓰다), abrir(열다) 등

6. 부사

스페인어에서 부사는 성과 수의 변화를 하지 않으며, 동사, 형용사, 다른 부사를 수식한다.
주로 강조하고자 하는 말 앞에 놓이며, 대표적인 부사형 어미로는 [-mente]가 있다.

dulce 달콤한 + [-mente] = **dulce**mente 달콤하게
형용사   부사형 어미   부사

* 단, 끝이 [-o]로 끝나는 형용사의 경우는 끝을 [-a]로 바꾼 뒤 [-mente]를 붙인다.

claro → clara → claramente 명확하게

7. 문장 속의 물음표와 느낌표

스페인어에서는 물음표와 느낌표가 문장의 앞뒤에 다 붙으며, 앞의 부호는 거꾸로 붙인다.

¿Cómo? 뭐라고?
¡Qué bien! 좋아!

8. 부정문과 의문문

스페인어 문장은 크게 평서문, 의문문, 명령문, 감탄문으로 나누어지며, 평서문은 다시 긍정문과 부정문으로 나눌 수 있다.

① 긍정 평서문과 부정 평서문

부정문을 만드는 방법은 아주 간단하다. 시제와 인칭에 관계 없이 동사 앞에 no만 붙이기만 하면 된다.

    긍정문   Ud. es coreano. 당신은 한국인이군요.

    부정문   Ud. no es coreano. 당신은 한국인이 아니군요.

② 평서문과 의문문

    평서문   Tú eres estudiante. 너는 학생이다.
                   주어 동사

    의문문   ¿Eres tú estudiante? 넌 학생이니?
                    동사 주어

일반적으로 평서문과 의문문의 차이는 주어와 동사의 위치와 의문 부호의 유무로 구분할 수 있다.

즉, 평서문은 [주어 + 동사]로 쓰고, 의문문은 [동사 + 주어]로 쓴다. 스페인어에서는 의문문을 만들 때 영어처럼 다른 조동사를 쓴다거나 하지 않기 때문에, 형태상 의문 부호(?)가 있느냐 없느냐로 구분하는 게 가장 간단한 구분법이다. 언뜻 생각하면 좀 이해가 안 될지 모르지만, 사실 스페인어에서는 그것이 두 문장을 구별하는 가장 중요한 포인트가 된다. 왜냐하면, 스페인어는 평서문과 의문문을 정확하게 구별하며 쓰질 않기 때문이다.

    Tú eres estudiante.
    → **Eres estudiante.** 너는 학생이다.

    ¿Eres tú estudiante?
    → **¿Eres estudiante?** 넌 학생이니?

다시 말해서, 똑같은 문장이라도 끝을 내려 말하면 평서문이 되고, 끝을 올려 말하면 의문문이 된다.

회화편

Lección 1   ¡Hola, buenos días!
Lección 2   ¿Cómo está Ud.?
Lección 3   ¿De dónde es Ud.?
Lección 4   Su nombre, por favor.
Lección 5   Y tú, ¿qué haces?
Lección 6   ¿Cómo es él?
Lección 7   ¿Qué es esto?
Lección 8   ¿Hay un bar por aquí cerca?
Lección 9   ¿A dónde va Ud.?
Lección 10   ¿Qué vamos a hacer este fin de semana?
Lección 11   ¿Puedes salir conmigo esta noche?
Lección 12   Quiero una habitación individual.
Lección 13   ¿De quién es este cuadro?
Lección 14   Tienes que llegar a tiempo a la conferencia.
Lección 15   ¡Hace mucho calor hoy!
Lección 16   ¿A qué hora es el cine?
Lección 17   ¿Qué día es hoy?
Lección 18   Te llamo después de terminar la reunión.
Lección 19   ¿Me deja el periódico un momento?
Lección 20   Me gusta mucho la paella.
Lección 21   ¿Cuánto es este sombrero?
Lección 22   ¿A qué hora te levantas?
Lección 23   Fui al río a pescar.
Lección 24   Cuando yo era niño, vivía en un pueblo.

Lección 1

¡Hola, buenos días!

안녕, 좋은 아침입니다!

가게나 바(bar) 등에서 아침에 간단히 나눌 수 있는 대화들입니다.
외국인과 대화할 때는 문장을 완벽하게 만들려는 의무감 같은 것은 벗어던지고, 정확하면서도 빠른 의사소통을 위해 노력하는 것이 더 중요합니다. 왜냐하면 문장 형식에 딱 맞춰서 말하겠다고 느릿느릿, 우물쭈물 말하면서 듣는 이의 인내심을 테스트하는 것보다는 요점만 간단히 빠르게 말하는 것이 훨씬 효과적입니다. 이렇게 하는 것이 때로는 상대편에게 더 분명한 인상을 심어줄 수 있기 때문입니다.

Atención

기본 회화

A Buenos días. Un café con leche, por favor.

B Vale. En seguida.

> A 좋은 아침이에요. 밀크커피 한 잔 주세요.
> B 네. 곧 드리겠습니다.

A Buenos días. ¿Qué quiere Ud.?

B Un café solo y unos churros◆.

> A 좋은 아침입니다. 뭘 드시겠어요?
> B 블랙커피와 추로 주세요.

Vocabulario

hola 안녕(영어의 Hi와 같은 표현)
bueno [a] 좋은, 훌륭한
día [m] 날(日), 하루
café [m] 커피
con [prep] ~과, ~을 가진, ~로
leche [f] 우유
por favor 부탁합니다(영어의 please에 해당)

vale [v] (동사 valer의 3인칭 단수 현재형) 여기서는 "좋습니다", "OK"의 뜻
en seguida 즉시
qué [pron] (의문대명사) 무엇, 무슨 일
quiere [v] (동사 querer의 3인칭 단수 현재형) 원하다, 좋아하다
café solo 블랙커피
y [conj] ~과, 그리고, 또

◆ **Churro**
추로

스페인에서 아침 식사로 먹는 아주 보편적 음식입니다. 일종의 도넛을 말해요. 얇게 빚은 밀가루 반죽을 길게 또는 동그랗게 말아 튀긴 빵으로 매우 고소하고 맛있어요. 커피와 잘 어울리는데 우리나라 사람이 아침 식사로 먹기엔 좀 부담스럽죠.

Gramática
문법

I. 정관사와 부정관사

1. 정관사
하나의 명사를 다른 명사와 구별하거나 특정한 명사를 가리킬 때 사용합니다. 명사의 성과 수에 따라 관사도 일치시켜야 하지요.

	단수	복수
남성	el	los
여성	la	las

남성명사	여성명사
el libro 책	la casa 집
los libros 책들	las casas 집들
el hijo 아들	la hija 딸
los hijos 아들들	las hijas 딸들

2. 부정관사
불특정 대상을 가리키며, 주로 '어느~, 한~'의 뜻으로 해석합니다.

	단수	복수
남성	un	unos
여성	una	unas

남성명사	여성명사
un libro 책 한 권	una casa 집 한 채
unos libros 여러 권의 책들	unas casas 여러 채의 집들
un hijo 아들 하나	una hija 딸 하나
unos hijos 여러 명의 아들들	unas hijas 여러 명의 딸들

II. 인사하기

스페인이 역시 영어와 마찬가지로 아침, 점심, 저녁에 따라 다른 인삿말을 가지고 있어요.
참고로 "Buenas tardes." (점심 인사)는 점심을 먹은 후부터 쓰는 말이란 사실, 기억하세요.

  Buenos días. 안녕하세요. (아침 인사)
  Buenas tardes. 안녕하세요. (점심 인사)
  Buenas noches. 안녕하세요. (저녁 인사)
  ¡Hola! 안녕! (Hi!)

헤어질 때는 다음과 같은 표현을 많이 사용하며, 두 가지를 함께 쓰는 경우도 많습니다.

  Adiós. 안녕. (잘 가요.)
  Hasta luego. / Hasta la vista. 다음에 또 만나요.
  Hasta mañana. 내일 봐요.

만일 특정한 날을 기약하고 싶다면 이렇게 말할 수도 있습니다.

  Hasta el lunes. 월요일에 만나요.
  Hasta el día quince. 15일에 만나요.

Diálogos
실전 회화

회화 연습1

A Buenos días, señorita Carmen.
B Buenos días, señor Jaime.
A El papel, por favor.
B A ver... Aquí tiene.
A Vale, gracias.
B De nada.

A 좋은 아침이군요, 카르멘 양.
B 안녕하세요, 하이메 씨.
A 그 서류 좀 주세요.
B 어디 보자…… 여기 있어요.
A 좋아요, 고마워요.
B 별말씀을요.

회화 연습2

A Hola, buenas noches.
B Buenas noches. ¿Qué desea?
A Una copa de vino, por favor.
B En seguida.

A 안녕하세요. (저녁 인사)
B 안녕하십니까. 뭘 드시겠어요?
A 포도주 한 잔 부탁합니다.
B 곧 가져다 드리겠습니다.

Vocabulario

회화 연습1
papel (m) 종이, 서류, 문서
ver (v) 보다 / "A ver..."는 관용적으로 "자…" 또는 "글쎄요…"의 뜻으로, 말을 시작할 때 많이 쓰는 표현.
aquí (adv) 여기, 이곳에
tiene (v) (동사 tener의 3인칭 단수 현재형) 가지다
gracias (f) (pl) 감사 / Muchas gracias. 대단히 감사합니다.
nada (pron) 아무것도 아님, 어떤 일도 없음 (영어의 nothing에 해당)
De nada 천만에요. 별말씀을요.

회화 연습2
desea (v) (동사 desear의 3인칭 단수 현재형) 원하다, 바라다
copa (f) (포도주 등의) 잔, 컵
vino (m) 포도주

Vamos a escribir
따라 쓰기

회화 연습1

Buenos días, señorita Carmen.
좋은 아침이군요, 카르멘 양.

Buenos días, señor Jaime.
안녕하세요, 하이메 씨.

El papel, por favor.
그 서류 좀 주세요.

A ver... Aquí tiene.
어디 보자 …… 여기 있어요.

Vale, gracias.
좋아요, 고마워요.

De nada.
별말씀을요.

> 회화 연습2

Hola, buenas noches.
안녕하세요. (저녁 인사)

Buenas noches. ¿Qué desea?
안녕하십니까. 뭘 드시겠어요?

Una copa de vino, por favor.
포도주 한 잔 부탁합니다.

En seguida.
곧 가져다 드리겠습니다.

Ejercicios

연습 문제

I. 밑줄 친 곳에 알맞은 정관사를 넣으세요.

el aire 공기

1. _____ **médico** 의사
2. _____ **habitación** 방
3. _____ **nariz** 코
4. _____ **especie** 종류
5. _____ **tema** 주제

II. 밑줄 친 곳에 알맞은 부정관사를 넣으세요.

una camisa 셔츠 한 벌

1. _____ **oficina** 사무실
2. _____ **primo** 사촌
3. _____ **salud** 건강
4. _____ **arroz** 쌀
5. _____ **calle** 거리

정답 I. 1. el 2. la 3. la 4. la 5. el
II. 1. una 2. un 3. una 4. un 5. una

III. 다음 단어들의 복수형을 만들어 보세요.

| el mapa 지도 | → | los mapas 지도들 |

1. la flor 꽃 → _____
2. el jardín 정원 → _____
3. una habitación 방 → _____
4. un tema 주제 → _____
5. la piel 피부 → _____

IV. 밑줄 친 곳에 알맞은 단어를 넣어 문장의 의미를 완성하세요.

1. ¡ _____ días! 안녕하세요! (아침 인사)
2. ¡ _____ noches! 안녕하세요! (저녁 인사)
3. Por _____ . 부탁합니다. (영어의 Please에 해당)
4. _____ tiene. (물건을 건네주면서) 여기 있어요.
5. Hasta _____ . 내일 만나요.

정답 III. 1. las flores 2. los jardines 3. unas habitaciones 4. unos temas 5. las pieles
       IV. 1. Buenos 2. Buenas 3. favor 4. Aquí 5. mañana

Aroma de España 스페인의 향기

스페인과 중남미를 포괄하고 있는 스페인어는 그 언어권의 광활함 덕택에 음식 문화도 매우 다양하지요. 물론 유사점도 있지만 각 나라마다 독특한 음식 문화가 발달되어 있어, 이 나라에는 있는데 저 나라에는 없는 음식도 많고, 또 같은 음식이라도 이름이 다른 경우도 꽤 된답니다. 예를 들어 '주스'라는 말을 스페인에서는 zumo, 중남미에서는 jugo라고 하며 '샌드위치'라는 말도 스페인에서는 bocadillo라 하고, 중남미 몇 나라에서는 영어식으로 sandwich라고 하지요. 또 재미있는 것은 이 bocadillo라는 단어를 콜롬비아에서는 치즈를 가운데 넣은 과일 젤리를 가르킨다는 사실입니다. 이처럼 음식에서만도 문화의 다양성을 충분히 느낄 수 있지요. 하지만 걱정하지 마세요. 그런 정도의 차이라면, 그저 한 두번 정도의 실수만 거치면 금방 익혀질 일 아니겠어요? 그러니 조금씩, 천천히 배우겠다고 다짐한 뒤, "Gracias.", "Por favor."만 가지고 스페인으로 떠났다는 어느 선배님의 말씀처럼 열심히 성실하게, 결코 포기하지 겠다는 신념만 있으면 어느새 유창하게 말하는 자신을 보게 될 거예요.

Lección 2

¿Cómo está Ud.?

요즘 어떻게 지내요?

외국인들이 우리나라 사람의 첫인상에 대해 어떻게 느끼는지는 굳이 설문 조사 결과를 언급하지 않더라도 잘 알고 있지요. 우리의 표정이 상당히 굳어 있다는 사실을 말이에요. 또한 다른 나라에 가서는 그렇게 근엄하거나 심각한 표정은 전혀 도움이 안 된다는 사실을 알면서도 잘 고치질 못합니다. 거기에 우리의 고민이 있기는 하지만…….

길에서 우연히 눈이라도 마주치면 모르는 사람이라 할지라도 가벼운 눈인사를 하거나 "¡Hola!" "Buenos días." 정도로 인사를 나누는 것은 그들에게 있어 매우 흔한 일입니다. 엘리베이터에서, 또는 택시를 탈 때도 먼저 인사를 건네 보세요. 생활이 훨씬 여유 있고 부드러워질 테니까 말이에요. 자, 그럼 어색하게 생각하지 말고 자연스럽게 약간의 미소와 함께, "¡Hola!"

Atención
기본 회화

A Hola, ¿Cómo estás?

B Bien, ¿y tú?

> **A** 안녕, 요즘 어때?
> **B** 좋아, 넌 어때?

A Buenas tardes. ¿Cómo está Ud.?

B Nada de particular.

> **A** 안녕하세요. (오후 인사) 요즘 어떠세요?
> **B** 뭐, 여느 때와 같아요.

Vocabulario

cómo [adv] 어떻게, 뭐라고
bien [adv] 잘, 좋게
de [prep] ~의, ~에 대해
particular [a] 특수한, 특별한

Gramática
문법

I. estar 동사 (~에 있다, ~하다)

드디어 동사가 나왔습니다. estar! 너무도 중요한 동사입니다. 끝이 [-ar]로 끝났으니 AR 동사군이겠지요? 사실, 이 동사 하나만 가지고도 무수한 표현이 가능합니다. 형용사나 명사, 때로는 부사구 등을 첨가하여 간단하고 쉬운 문장으로 자신의 의사를 표현할 수 있습니다.

영어의 be 동사에 해당하는 스페인어 동사는 의미에 따라 두 가지가 있어요. 바로 estar와 ser 동사입니다. ser 동사는 다음 과에서 공부하기로 하고, 여기서는 estar 동사의 용법과 현재 시제에서의 변화형을 살펴보도록 합시다.

1. estar 동사의 현재시제 변화형

	단수		복수	
1인칭	yo	estoy	nosotros/as	estamos
2인칭	tú	estás	vosotros/as	estáis
3인칭	Ud. / él / ella	está	Uds. / ellos / ellas	están

2. estar 동사의 용법

1) 사람 또는 사물의 위치를 나타낸다.

    Estoy en Madrid. 나는 마드리드에 있다.
    El libro está en la mesa. 그 책은 테이블에 있다.

2) 사람 또는 사물의 상태, 혹은 감정이나 건강 등을 표현한다.

    ¿Cómo está Antonio? 안토니오 요즘 어때요?
    ¿Cómo está el vino? 그 포도주 어때요? (상태)

3) 진행형을 만든다 : estar + 현재분사

    ¿Estás hablando con el profesor? 너 지금 교수님과 이야기하고 있니?
        hablar의 현재분사형

현재분사

동사 원형의 어미를 떼고 [-ando/-iendo]를 붙여 진행의 의미를 나타내는 동사 형태입니다. 성과 수에 상관없이 항상 불변이란 점을 잊지 마세요!

1) AR 동사 : [-ar]를 떼고 [-ando]를 붙인다.
   hablar [말하다] : habl + ando = hablando

   Estamos hablando de la cultura coreana. 우리는 한국 문화에 대해 이야기하고 있습니다.

2) ER / IR 동사 : [-er/-ir]를 떼고 [-iendo]를 붙인다.
   comer [먹다] : com + iendo = comiendo
   vivir [살다] : viv + iendo = viviendo

   El niño está comiendo carne asada. 소년이 숯불고기를 먹고 있다.
   Yo estoy viviendo en un estudio. 나는 원룸에서 살고 있다.

II. 안부를 묻는 표현

"¿Cómo está?"와 같이 상대의 안부를 묻는 말로 다음과 같은 표현들도 있습니다.

¿Qué tal? 어떻게 지내요?
¿Cómo le ha ido? 어떻게 지냈어요?

위의 물음에 대한 답변들입니다.

Bien. 좋아요.
Muy bien. 아주 좋아요.
Así, así. 그럭저럭.
Nada de particular. 뭐 특별한 일 없어요. / 늘 그렇죠, 뭐.
Mal. 안 좋아요.
Muy mal. 아주 안 좋아요.

Diálogos

실전 회화

회화 연습1

A ¡Hola! ¿Qué tal?
B Muy bien. ¿Y tú?
A Bien, gracias. ¡Hasta luego!
B Adiós, hasta luego.

A 안녕! 요즘 어떻게 지내?
B 아주 좋지. 넌 어떠니?
A 좋아, 고마워. 다음에 보자!
B 안녕, 다음에 만나.

회화 연습2

A ¡Hola! ¿Cómo estás?
B Bien, y tú, ¿qué tal?
A Pues... así, así.
B ¡Hombre! ¿Qué te pasa?
A Es que estoy resfriado.
B ¡Qué lástima!

A 안녕! 요즘 어때?
B 좋아, 넌 어떻게 지내?
A 그냥… …그저 그래.
B 아니! 무슨 일이야?
A 사실 감기에 걸려서 말이야.
B 저런, 안됐군!

Vocabulario

회화 연습1
tal [a] 이런, 그런
muy [adv] 매우
hasta [prep] ~까지
luego [adv] 곧, 빨리

회화 연습2
así [adv] 이렇게, 그런 식으로
hombre [m] 남자, 사람 / 여기서는 일종의 감탄사와 같다.
te [pron] (간접목적대명사 2인칭단수) 너에게
pasar [v] 지나가다, 발생하다

¿Qué te pasa? 직역하면 "너에게 무슨 일이 일어난 거야?", "무슨 일이야?"라는 뜻(영어의 What's the matter with you?와 같은 표현)
resfriado [m] 감기 [a] 감기에 걸린
lástima [f] 유감, 가엾음

Vamos a escribir

따라 쓰기

회화 연습1

¡Hola! ¿Qué tal?
안녕! 요즘 어떻게 지내?

Muy bien. ¿Y tú?
아주 좋지. 넌 어떠니?

Bien, gracias. ¡Hasta luego!
좋아, 고마워. 다음에 보자!

Adiós, hasta luego.
안녕, 다음에 만나.

> 회화 연습2

¡Hola! ¿Cómo estás?
안녕! 요즘 어때?

Bien, y tú, ¿qué tal?
좋아, 넌 어떻게 지내?

Pues... así, así.
그냥…… 그저 그래.

¡Hombre! ¿Qué te pasa?
아니! 무슨 일이야?

Es que estoy resfriado.
사실 감기에 걸려서 말이야.

¡Qué lástima!
저런, 안됐군!

Ejercicios

연습 문제

I. 보기와 같이 estar 동사를 가지고 다음 문장들을 완성하세요.

> **Hola, ¿cómo está, María?** 안녕하세요, 마리아, 어떻게 지내요?

1. Hola, ¿cómo _____, tú?

   안녕, 넌 어떻게 지내?

2. Hola, ¿cómo _____, Ud.?

   안녕하세요, 당신은 어떻게 지내세요?

3. Hola, ¿cómo _____, vosotros?

   안녕, 너희는 어떻게 지내?

4. Hola, ¿cómo _____, Juan y Carmen?

   안녕하세요, 후안과 카르멘, 어떻게 지내요?

5. Hola, ¿cómo _____, tú y Beatriz?

   안녕, 너와 베아트리스는 어떻게 지내?

정답 1. estás 2. está 3. estáis 4. están 5. estáis

II. 보기와 같이 다음 대화들을 완성하세요.

> **¿Está en casa Ud.? (Sí)** 당신은 집에 계신가요?
> **Sí, estoy en casa.** 네, 집에 있어요.

1. ¿Estás en clase? (No) 너는 수업 중이니?

2. ¿Están los niños en el parque? (Sí) 소년들은 공원에 있니?

3. ¿Estamos en la calle de Goya? (Sí) 우리는 고야 거리에 있나요?

4. ¿Estáis en la oficina? (No) 너희는 사무실에 있니?

5. ¿Está en la mesa el vino? (Sí) 포도주는 테이블에 있나요?

Vocabulario

casa (f) 집, 가옥
clase (f) 교실, 수업
niño (m) 남자아이, 소년
parque (m) 공원

calle (f) 거리, 길
oficina (f) 사무실
mesa (f) 테이블, 탁자
vino (m) 포도주 / vino tinto 적포도주, vino blanco 백포도주

정답 1. No, no estoy en clase. 2. Sí, están en el parque. 3. Sí, estamos(están Uds.) en la calle de Goya.
4. No, no estamos en la oficina. 5. Sí, el vino está en la mesa.

III. 보기와 같이 다음 대화들을 완성하세요.

> ¿Cómo estás? (bien) 넌 지금 어때?
> Estoy bien. 난 좋아.

1. ¿Cómo está Ud.? (alegre) 당신은 지금 어떠세요?

2. ¿Cómo están Uds.? (ocupado) 당신들은 지금 어떠세요?

3. ¿Cómo está la cocina? (sucia) 부엌은 지금 어때?

4. ¿Cómo está el perro? (enfermo) 개는 지금 어때?

5. ¿Cómo está el café? (caliente) 커피는 지금 어때?

Vocabulario

alegre (a) 기쁜, 즐거운, 유쾌한
ocupado (a) 바쁜, 자리가 차 있는
cocina (f) 부엌 / los útiles de cocina 요리기구
sucia (a) (형용사 sucio의 여성형) 더러운, 지저분한
perro (m) 개
enfermo (a) 아픈, 병이 난
caliente (a) 뜨거운, 더운

정답 1. Estoy alegre. 2. Estamos ocupados. 3. La cocina está sucia. 4. El perro está enfermo.
5. El café está caliente.

Lección 3

¿De dónde es Ud.?

당신은 어느 나라 사람입니까?

외국인을 만났을 때 제일 흔하게, 또 쉽게 건네는 말이 "어느 나라 사람이세요?"일 거예요. 사실, 이는 외국에 가면 지겨울 정도로 듣게 되는 말입니다. 그렇다고 짜증은 내지 마세요! 왜냐하면 질문 하나 하나가 우리에게 있어서는 바로 회화 연습이니까요. 그런 경험은 한국에서는 돈 주고도 살 수 없는 귀한 경험들이며, 그런 과정을 통해 나의 언어 실력은 포동포동 살이 쪄 가는 것입니다.

또한 이 질문은 한 사람의 국적(외국인에 대해서), 또는 출신지(내국인에 대해서)만 묻는 표현이 아니라, 어느 나라 제품인가를 물을 때도 사용할 수 있는 것이니 잘 활용하시기 바랍니다. (국적 형용사는 단어장을 참고하세요.)

Atención

기본 회화

A ¿De dónde es Ud.?

B Soy coreano, de Seúl.

> **A** 당신은 어느 나라 사람입니까?
> **B** 저는 서울에서 온 한국인입니다.

A ¿Es Ud. español?

B No, soy mexicano.

> **A** 당신은 스페인 사람인가요?
> **B** 아뇨, 저는 멕시코 사람입니다.

Vocabulario

dónde adv (의문부사) 어디에
es v (동사 ser의 3인칭 단수 현재형) ~이다
coreano m 한국인
español m 스페인 사람
mexicano m 멕시코 사람

Gramática
문법

I. ser 동사(~이다)

ser 동사는 앞에서 배운 estar 동사와 함께 영어의 be 동사의 의미와 역할을 가집니다. 매우 중요하게 쓰이는 동사이며, 변화형은 역시 불규칙이므로 많이 반복해서 머릿속에 쏙 집어넣길 바라요.

1. ser 동사의 현재시제 변화형

	단수		복수	
1인칭	yo	**soy**	nosotros/as	**somos**
2인칭	tú	**eres**	vosotros/as	**sois**
3인칭	Ud. / él / ella	**es**	Uds. / ellos / ellas	**son**

2. ser 동사의 용법

1) 주어의 본질적 특성을 표현한다. (성격, 외형 등)

　　Él es alto y amable.　그는 키가 크고 친절합니다.

2) 국적, 직업, 종교 등을 나타낸다.

　　Elena es argentina / diseñadora / cristiana.　엘레나는 아르헨티나 사람/ 디자이너 / 기독교인입니다.
　　Soy de Corea.　나는 한국인입니다.

3) 시간을 말할 때도 사용한다. (단, 동사는 반드시 3인칭으로만 쓴다.)

　　Es la una.　한 시입니다.
　　Son las dos.　두 시입니다.

4) 소유를 나타낸다.

　　La chaqueta es de Pilar.　그 재킷은 필라르의 것이다.

3. ser 동사와 estar 동사의 차이점

이제 두 동사의 뜻과 용법을 살펴보았는데, 그 차이점을 정확히 아는 것이 매우 중요해요. 두 동사 모두 엄청나게 많이 쓰이는 동사이지만, 사실 우리에게는 그 구분이 애매하기 때문이지요. 다음의 항목들을 잘 이해하면 두 동사를 정확하게 사용하는 데 도움이 될 것입니다.

ser [~이다] : 본질적인 성격, 선천적인 상태, 거의 반영구적인 성질을 표현한다.
estar [있다, ~하다] : 가변적인 성격, 일시적인 상태, 대상의 위치를 가리킨다.

비교

El café es amargo. 커피는 쓰다.
Pero este café está muy dulce. 그러나 이 커피는 매우 달다.

Ella es alegre. 그녀는 명랑한 성격이다.
Pero ahora está triste. 그러나 지금은 슬퍼하고 있다.

II. 국적 말하기

바로 국적 형용사를 써서 말할 수도 있고, 국명 앞에 전치사 de를 써서 출신지를 말할 수도 있습니다.

¿De dónde son Uds.? 당신들은 어느 나라 사람들입니까?
Somos chilenos. 칠레 사람입니다.

¿De dónde es este reloj? 이 시계는 어느 나라 제품입니까?
Es de Suiza. 스위스제입니다.

Diálogos
실전 회화

회화 연습1

A Hola, buenos días.
B Hola, ¿qué tal? Soy Luisa, de Madrid.
A Soy Chang Su, coreano. Mucho gusto.
B Encantada.

A 안녕하세요, 좋은 아침이에요.
B 안녕하세요? 저는 마드리드 출신의 루이사라고 합니다.
A 저는 창수이고 한국인입니다. 만나서 반갑습니다.
B 저 역시 반갑습니다.

회화 연습2

A Hola, ¿qué tal?
B ¡Hola! ¿Eres español?
A No, soy de Colombia, ¿y tú?
B Yo soy francesa, de París.

A 안녕?
B 안녕! 너는 스페인 사람이니?
A 아니, 난 콜롬비아에서 왔어, 넌?
B 난 프랑스 사람이고, 파리 출신이야.

* 이 대화에서처럼 상대가 잘못 알고 있는 사실을 바로 고쳐서 말할 경우, "No"라고 말한 뒤, 약간 쉬고 나서 바른 내용을 전달해야 함에 주의하기 바랍니다. 그렇지 않으면 내용의 혼돈을 불러일으킬 수 있으니까요.

No, soy de Colombia. (쉬지 않고 이어 말하면 "전 콜롬비아인이 아니에요."라고 들릴 수 있어요.)
No..., soy de Colombia. (한 번 쉬고 말하면 "아니요, 전 콜롬비아인이에요."라고 들려요.)

Vocabulario

회화 연습1
mucho (a) 많은
gusto (m) 기호, 취향
encantada (a) (형용사 encantado의 여성형) 매우 좋아하는 / 처음 만나서 인사를 나눌 때 잘 쓰는 표현으로 "Mucho gusto." (만나서 반갑습니다)와 "Encantado(a)." (저 역시 반갑습니다)가 있음. 남자는 Encantado, 여자는 Encantada라고 함. 또 다른 표현으로는 "Me alegro de conocer a Ud." (당신을 알게 되어 기뻐요)가 있음.

회화 연습2
español (m) 스페인 남자, 스페인어
no (adv) 아니요
francesa (m) (francés의 여성형) 프랑스 여자

Vamos a escribir
따라 쓰기

> **회화 연습1**

Hola, buenos días.
안녕하세요, 좋은 아침이에요.

Hola, ¿qué tal? Soy Luisa, de Madrid.
안녕하세요? 저는 마드리드 출신의 루이사라고 합니다.

Soy Chang Su, coreano. Mucho gusto.
저는 창수이고 한국인입니다. 만나서 반갑습니다.

Encantada.
저 역시 반갑습니다.

회화 연습2

Hola, ¿qué tal?
안녕?

¡Hola! ¿Eres español?
안녕! 너는 스페인 사람이니?

No, soy de Colombia, ¿y tú?
아니, 난 콜롬비아에서 왔어, 넌?

Yo soy francesa, de París.
난 프랑스 사람이고, 파리 출신이야.

Ejercicios

연습 문제

I. 보기와 같이 ser 동사를 가지고 다음 문장들을 완성하세요.

> **Miguel es abogado.** 미겔은 변호사이다.

1. Yo _____ estudiante. 나는 학생이다.

2. Tú _____ profesor. 너는 교수다.

3. Ella _____ pianista. 그녀는 피아니스트다.

4. Ud. _____ secretaria. 당신은 비서다.

5. Nosotros _____ turistas. 우리는 관광객이다.

Vocabulario

abogado (m) 변호사
estudiante (m) (f) 학생
profesor (m) 교수
pianista (m) (f) 피아니스트
secretaria (f) 여자 비서
turista (m) (f) 관광객

정답 1. soy 2. eres 3. es 4. es 5. somos

II. 보기와 같이 다음 대화들을 완성하세요.

> **¿De dónde es Ud.? (Corea)**   당신은 어느 나라 사람이에요?
> **Soy coreano.**   저는 한국 사람이에요.

1. ¿De dónde es Francisco? (Italia)   프란시스코는 어느 나라 사람이에요?

2. ¿De dónde eres tú? (China)   너는 어느 나라 사람이니?

3. ¿De dónde es Clara? (España)   클라라는 어느 나라 사람이에요?

4. ¿De dónde son ellos? (Alemania)   그들은 어느 나라 사람들이에요?

5. ¿De dónde sois? (Estados Unidos)   너희는 어느 나라 사람들이니?

Vocabulario

ellos pron (남성 3인칭 복수 주격 인칭대명사) 그들, 그 사람들
Estados Unidos m pl 미국
estadounidense m f 미국 사람

정답 1. Es italiano. 2. Soy chino. 3. Es española.
4. Son alemanes. 5. Somos estadounidenses.

III. 보기와 같이 다음 대화들을 완성하세요.

> **¿Eres tú estudiante? (Sí)**   너는 학생이니?
> **Sí, soy estudiante.**   응, 난 학생이야.

1. **¿Es Ud. el director? (Sí)**   당신은 사장님이세요?

2. **¿Eres secretaria? (No)**   너는 비서니?

3. **¿Es Luis banquero? (Sí)**   루이스는 은행원이에요?

4. **¿Es Ud. china? (No)**   당신은 중국 사람이에요?

5. **¿Es Camila argentina? (Sí)**   카밀라는 아르헨티나 사람이에요?

Vocabulario

director (m) 사장, 지배인   **banquero** (m) 은행원

정답 1. Sí, soy el director. 2. No, no soy secretaria. 3. Sí, es banquero.
     4. No, no soy china. 5. Sí, es argentinate.

Lección 4

Su nombre, por favor.

이름을 말씀해 주세요.

처음 만나거나 소개받는 사람들이 나눌 수 있는 대화 중 하나가 바로 '통성명하기'입니다. Ud.으로 물을지 Tú로 물을지에 대해서는 너무 신경 쓰지 마세요. 그때 그때 상황에 맞춰 편한 대로 이야기하면 되니까요. 스페인에서는 주로 Tú로 말을 건네는 경우가 많은 반면, 중남미에서는 Ud.이 더 흔한 편이라는 정도만 알아두면 좋을 것 같아요. 참고로 호텔 등지에서 자기의 이름을 기입하기 위해 "¿Cómo se escribe?"(어떻게 쓰나요?)라면서 철자를 불러달라고 요구하는 경우가 있는데, 그 이유는 동양 사람들의 이름이란 그들에게 있어서는 전혀 딴세상 말 같기 때문입니다. 이렇게 철자를 불러주어야 하는 경우에 대비해서 알파벳의 이름을 알아두어도 좋을 것 같기는 한데…… 만약 그것이 불편하다고 생각되는 경우 자기가 직접 써서 보여주는 것이 제일 좋겠죠.

Atención

기본 회화

A ¿Cómo te llamas?

B Me llamo Marisol.

> **A** 네 이름이 뭐니?
> **B** 난 마리솔이야.

A ¡Hola! ¿Es Ud. el señor Miguel?

B No, no soy Miguel. Me llamo Antonio.

> **A** 안녕하세요. 당신이 미겔 씨입니까?
> **B** 아뇨, 전 미겔이 아닙니다. 제 이름은 안토니오입니다.

Vocabulario

llamarse v ~라고 불리다　　　　　**señor** m ~씨, 선생님(남성 존칭)

Gramática
문법

I. 이름을 말할 때 사용하는 재귀동사 llamarse

자기 이름을 소개할 때 가장 많이 사용하는 동사가 llamarse인데, 재귀동사입니다. (재귀동사에 대해서는 Lección 22에서 자세히 다루기로 해요.) 뜻은 '~으로 불리다'이고 동사 변화는 다음과 같으니 일단 알아 두시기 바랍니다.

	단수		복수	
1인칭	yo	me llamo	nosotros/as	nos llamamos
2인칭	tú	te llamas	vosotros/as	os llamáis
3인칭	Ud. / él / ella	se llama	Uds. / ellos / ellas	se llaman

실제로는 대부분 1·2·3인칭 단수의 형태로 묻고 대답하므로 복수 형태는 참고로 보기만 하면 됩니다.
그럼 상대의 이름을 묻는 표현을 볼까요?

¿Cómo se llama Ud.? 당신의 이름은 무엇입니까?
¿Cómo te llamas tú? 네 이름은 뭐니?

이렇게 대답하면 되지요.

Me llamo Alfredo. 저는 알프레도라고 합니다.
Yo soy Alfredo. 저는 알프레도입니다.
Mi nombre es Alfredo. 제 이름은 알프레도입니다.

또 상대가 자신의 이름을 바르게 물으면 "Sí, soy yo." (네, 전데요.)라고 하고, 만약 다른 이름으로 물으면 "No, no soy yo." (아뇨, 제가 아닌데요.)라고 말하면 됩니다.

II. 사람에 대한 존칭 : Señor, Señora, Señorita, Don, Doña

사람의 이름 앞에 붙여서 격식을 갖춰주는 존칭어들입니다. 여기서 주의해야 할 점은 señor, señora, señorita의 경우, 반드시 정관사와 함께 쓴다는 사실이에요. 단, 호격으로 쓸 때는, 즉 누구를 부를 때는 정관사를 생략하고 쓰지요. 예를 들어 "가르시아 씨, 잠깐만요!" 라고 말한다면 "Señor García, un momento."가 되고, "가르시아 씨는 마드리드 사람이다."라고 할 때는 "El señor García es de Madrid."가 된다는 거예요. 여러분이 잘 아는 그 유명한 세르반테스의 『돈키호테』도 사실은 Don Quijote로서 '키호테 경'이란 뜻입니다.

Señor [Sr.] 영어의 Mr.에 해당. 일반 남자에 대한 존칭
Señora [Sra.] 영어의 Mrs.에 해당. 일반 여성, 특히 기혼 여성에 대한 존칭
Señorita [Srta.] 영어의 Miss.에 해당. 일반 미혼 여성에 대한 존칭
Don Señor보다 한 단계 높은 의미로서 남자에 대한 존칭 (결혼 유무와 상관없이)
Doña Señora보다 한 단계 높은 의미로서 여자에 대한 존칭 (결혼 유무와 상관없이)

III. 소유형용사

	단수	복수
1인칭	mi 나의	nuestro/a 우리의
2인칭	tu 너의	vuestro/a 너희의
3인칭	su 당신의, 그의, 그녀의	su 당신들의, 그들의, 그녀들의

Tu casa es muy moderna. 네 집은 매우 현대적이야.
Su coche es de Italia. 그의 자동차는 이탈리아제이다.

* su의 경우, 문맥에 따라 '당신의, 그의, 그녀의, 당신들의, 그들의, 그녀들의' 등으로 달리 해석할 수 있습니다. 일반적으로 su를 쓰는 경우는, 이미 앞 문장이나 대화에서 어떤 대상을 가리키는지가 분명할 때이므로 의미의 혼동은 거의 없습니다. 좀 더 자세한 사항은 Lección 13에서 다루고 있으니 참고하시기 바랍니다.

Diálogos

실전 회화

회화 연습1

A ¡Hola! ¿cómo te llamas?
B Me llamo Antonio. ¿Y tú?
A Yo soy Cecilia, ¿De dónde eres?
B Soy de Lima.

A 안녕! 이름이 뭐니?
B 난 안토니오야. 네 이름은?
A 난 세실리아라고 해.
　　넌 어디 출신이니?
B 난 리마에서 왔어.

회화 연습2

A Buenos días. Su nombre, por favor.
B Mi nombre es Min Su.
A ¿Cómo se escribe?
B M-i-n, aparte, S-u.

A 안녕하세요. 당신의 이름을 말씀해 주세요.
B 제 이름은 민수라고 합니다.
A 어떻게 쓰지요?
B 에메-이-에네, 띄고, 에세-우입니다.

Vocabulario

회화 연습1
Lima 리마(남미 페루의 수도)

회화 연습2
su [a] (3인칭 소유형용사) 여기서는 '당신의'란 뜻.

escribe [v] (동사 escribir의 3인칭 단수 현재형) 쓰다 / 이때 se를 같이 쓰는 이유는 재귀대명사의 무인칭 용법으로 '누구든지 그렇게 쓴다'는 의미.
aparte [adv] 따로, 띄어서

Vamos a escribir

따라 쓰기

회화 연습1

¡Hola! ¿cómo te llamas?
안녕! 이름이 뭐니?

Me llamo Antonio. ¿Y tú?
난 안토니오야. 네 이름은?

Yo soy Cecilia, ¿De dónde eres?
난 세실리아라고 해. 넌 어디 출신이니?

Soy de Lima.
난 리마에서 왔어.

> **회화 연습2**

Buenos días. Su nombre, por favor.
안녕하세요. 당신의 이름을 말씀해 주세요.

Mi nombre es Min Su.
제 이름은 민수라고 합니다.

¿Cómo se escribe?
어떻게 쓰지요?

M-i-n, aparte, S-u.
에메-이-에네, 띄고, 에세-우입니다.

Ejercicios
연습 문제

I. 보기와 같이 다음 대화들을 완성하세요.

> ¿Te llamas José? (Sí)   네 이름은 호세니?
> Sí, me llamo José.   응, 난 호세라고 해.

1. ¿Se llama María tu hermana? (Sí)   네 여자 형제 이름은 마리아니?

2. ¿Se llama Jaime Ud.? (No)   당신의 성함은 하이메예요?

3. ¿Te llamas Ana? (No)   네 이름은 아나니?

4. ¿Se llama Guillermo el jefe? (Sí)   부장님의 성함은 기예르모예요?

5. ¿Se llama Raquel tu hija? (Sí)   네 딸 이름은 라껠이니?

Vocabulario

tu ⓐ (소유형용사 2인칭 단수) 너의
hermana ⓕ 여자 형제(영어의 sister에 해당)
jefe ⓜ 사장, 부장
hija ⓕ 딸

정답 1. Sí, mi hermana se llama María. 2. No, yo no me llamo Jaime.
3. No, yo no me llamo Ana. 4. Sí, el jefe se llama Guillermo. 5. Sí, mi hija se llama Raquel.

II. 주어진 단어들을 가지고 보기와 같이 문장을 만들어 보세요.

> **Gabriel García Márquez, Colombia, escritor**
> → **El escritor colombiano se llama Gabriel García Márquez.**
> 콜롬비아 작가의 이름은 가브리엘 가르시아 마르께스이다.

1. Gloria Estefan, Cuba, cantante

   → _____

2. Pablo Picasso, España, pintor

   → _____

3. Jorge Luis Borges, Argentina, escritor

   → _____

4. Antonio Banderas, España, actor de cine

   → _____

5. Frida Kahlo, México, pintora

   → _____

Vocabulario

escritor (m) 작가 / **escritora** (f) 여류 작가   **pintor** (m) 화가   **pintora** (f) 여류 화가
cantante (m)(f) 가수   **actor de cine** (m) 영화배우

정답 1. La cantante cubana se llama Gloria Estefan. 2. El pintor español se llama Pablo Picasso.
3. El escritor argentino se llama Jorge Luis Borges. 4. El actor de cine español se llama Antonio Banderas.
5. La pintora mexicana se llama Frida Kahlo.

III. 보기와 같이 아래 단어들의 철자를 말해 보세요.

> **¿Cómo se escribe 'gemelos'?** '헤멜로스'는 어떻게 쓰지요?
> **g-e-m-e-l-o-s.** 헤-에-에메-에-엘레-오-에세.

1. ¿Cómo se escribe 'vaca'?   '바까'는 어떻게 쓰지요?

2. ¿Cómo se escribe 'zapato'?   '싸빠또'는 어떻게 쓰지요?

3. ¿Cómo se escribe 'mujer'?   '무ㄱ-헤르'는 어떻게 쓰지요?

4. ¿Cómo se escribe 'hierba'?   '이에르바'는 어떻게 쓰지요?

5. ¿Cómo se escribe 'cebolla'?   '세보ㅈ-야'는 어떻게 쓰지요?

Vocabulario

gemelos m pl 남자 쌍둥이 / gemelas 여자 쌍둥이
vaca f 암소
zapato m 구두
mujer f 여자
hierba f 풀, 허브
cebolla f 양파

정답 1. v-a-c-a(우베-아-쎄-아) 2. z-a-p-a-t-o(쎄따-아-뻬-아-떼-오)
3. m-u-j-e-r(에메-우-호따-에-에레) 4. h-i-e-r-b-a(아체-이-에-에레-베-아)
5. c-e-b-o-ll-a(쎄-에-베-오-엘예-아)

Lección 5

Y tú, ¿qué haces?

그럼 넌 무슨 일을 하니?

직업을 소개하거나 물을 때 가장 많이 쓰는 동사는 hacer와 dedicarse입니다. hacer는 '하다, 만들다'라는 뜻으로 '무엇을 하는 사람이냐?'라는 가장 일반적인 표현에 쓰이는 반면, dedicarse는 '~에 종사하다'라는 뜻으로 좀더 구체적인 직업을 묻고자 할 때 쓰는 말이라고 볼 수 있어요.
상식적인 이야기지만 한 가지 염두에 둘 일은, 만나자마자 꼬치꼬치 그 사람에 대해 질문하는 것은 예의에 어긋나니 상황에 맞춰 시간을 두고 묻는 것이 좋을 거예요. 특히 나이를 묻는 일은 남녀 누구에게나 결례가 될 수 있다는 사실을 명심하기 바랍니다.

Atención

기본 회화

A ¿Qué haces tú?

B Trabajo en City Bank.

> **A** 너는 무슨 일을 하니?
> **B** 시티은행에서 일하고 있어.

A ¿A qué se dedica Ud.?

B Soy estudiante de español.

> **A** 어떤 일을 하세요?
> **B** 저는 스페인어를 배우는 학생이에요.

Vocabulario

haces [v] (동사 hacer의 2인칭 단수 현재형) 하다, 만들다
trabajo [v] (동사 trabajar의 1인칭 단수 현재형) 일하다, 공부하다
se dedica [v] (동사 dedicarse의 3인칭 단수 현재형) 종사하다

Gramática

문법

I. 직업을 묻는 표현

다양한 방법으로 물을 수 있는데, 중요한 것은 무슨 동사를 써서 말할 것인가를 결정하는 것과 주어를 tú로 하느냐 Ud.로 하느냐를 결정하는 것입니다.

직업이 무엇입니까? **¿Qué es Ud.?** (Ud.을 쓴 정중한 표현)
¿Qué eres tú? (Tú를 쓴 친근한 표현)

무슨 일을 하나요? **¿Qué hace Ud.?** (Ud.을 쓴 정중한 표현)
¿Qué haces tú? (Tú를 쓴 친근한 표현)

어떤 일에 종사하세요? **¿A qué se dedica Ud.?** (Ud.을 쓴 정중한 표현)
¿A qué te dedicas tú? (Tú를 쓴 친근한 표현)

답변으로는 다음과 같은 표현들이 있습니다.

Soy médico. 저는 의사입니다.
Trabajo como consultor en SamSung. 저는 삼성에서 자문위원으로 일합니다.
Estoy aquí de vacaciones. 나는 휴가차 여기 있어요.

II. 직업을 표현하는 동사 hacer와 dedicarse의 현재 변화형

hacer의 현재시제 변화형

	단수		복수	
1인칭	yo	**hago**	nosotros/as	**hacemos**
2인칭	tú	**haces**	vosotros/as	**hacéis**
3인칭	Ud. / él / ella	**hace**	Uds. / ellos / ellas	**hacen**

dedicarse의 현재시제 변화형

	단수		복수	
1인칭	yo	**me dedico**	nosotros/as	**nos dedicamos**
2인칭	tú	**te dedicas**	vosotros/as	**os dedicáis**
3인칭	Ud. / él / ella	**se dedica**	Uds. / ellos / ellas	**se dedican**

III. 전치사 en과 de의 주요 용법

1. en

1) '장소'와 '위치'를 말할 때 주로 사용한다. 장소가 넓고 좁은 것과는 상관없이 사용할 수 있다.
   Ellos están en Barcelona. 그들은 바르셀로나에 있습니다.
   El coche está en el parque. 그 자동차는 공원에 있다.

2) 시간적 개념으로 사용할 수 있다. '특정한 때'나 '한정적 시간 내'를 표현한다.
   Estamos en verano. 지금은 여름입니다.
   Termino el trabajo en diez minutos. 나는 10분 내에 그 일을 마친다.

2. de

1) 장소적인 '근원지'를 표현한다. (~로 부터)
   Venimos de Roma. 우리는 로마에서부터 오는 길입니다. (또는 국적 표현도 가능)

2) 시간적으로 '출발 시점'을 의미한다. (~부터)
   Estudio español de ocho a nueve. 나는 8시부터 9시까지 스페인어를 공부합니다.

3) 주제를 언급할 때 사용한다. (~에 관해서)
   Hablamos de Filosofía. 우리는 철학에 관해 이야기합니다.

Diálogos
실전 회화

회화 연습1

A ¿Qué hace Ud.?
B Trabajo en la empresa ABC.
A ¿Y dónde vive?
B Vivo en el centro, cerca de la universidad.

A 당신은 무슨 일을 하세요?
B 저는 ABC회사에서 일합니다.
A 그럼 어디서 사시는데요?
B 대학 근처의, 시내에서 삽니다.

회화 연습2

A Oye, ¿a qué te dedicas?
B Soy estudiante de la universidad.
A ¿Qué estudias?
B Estudio literatura.

A 얘, 넌 어떤 일을 하니?
B 난 대학생이야.
A 뭘 공부하는데?
B 문학을 공부해.

Vocabulario

회화 연습1
empresa [f] 회사, 기업
y [conj] (대등접속사) 그리고, ~와 / 회화에서는 자연스럽게 말문을 열기 위한 표현으로 '그러면' 또는 '그런데' 등 특별한 의미 없이 씀.
vive [v] (동사 vivir의 3인칭 단수 현재형) 살다
centro [m] 중심부, 센터, 시내

cerca [adv] 가까이에 / cerca de ~근처에
universidad [f] 대학

회화 연습2
oye [v] (동사 oir의 3인칭 단수 현재형) 듣다 / 여기서는 Tú에 대한 긍정명령형. 일반적으로 누군가를 친근하게 부를 때 쓰는 표현.
literatura [f] 문학

Vamos a escribir
따라 쓰기

회화 연습1

¿Qué hace Ud.?
당신은 무슨 일을 하세요?

Trabajo en la empresa ABC.
저는 ABC회사에서 일합니다.

¿Y dónde vive?
그럼 어디서 사시는데요?

Vivo en el centro, cerca de la universidad.
대학 근처의, 시내에서 삽니다.

회화 연습2

Oye, ¿a qué te dedicas?
얘, 넌 어떤 일을 하니?

Soy estudiante de la universidad.
난 대학생이야.

¿Qué estudias?
뭘 공부하는데?

Estudio literatura.
문학을 공부해.

Ejercicios
연습 문제

I. 다음 질문에 대한 대답과 그림을 바르게 연결하세요.

> **¿Qué hace Ud.?** 당신은 무슨 일을 하세요?

1. **Soy profesor.**
   저는 교수예요.

   A

2. **Soy ingeniero.**
   저는 기술자예요.

   B

3. **Soy pintor.**
   저는 화가예요.

   C

4. **Soy médico.**
   저는 의사예요.

   D

5. **Soy cantante.**
   저는 가수예요.

   E

정답 1. E 2. A 3. B 4. D 5. C

II. 다음 질문에 대한 답으로 알맞은 단어와 문장을 서로 연결하세요.

¿A qué se dedica Ud.? 당신은 어떤 일에 종사하세요?

1. **estudiante** ● ● **A** Estudio política.
   학생 　　　　　　　　　　　　　　저는 정치학을 공부해요.

2. **banquero** ● ● **B** Leo y escribo mucho.
   은행원 　　　　　　　　　　　　저는 많이 읽고 써요.

3. **dentista** ● ● **C** Trabajo en una clínica.
   치과 의사 　　　　　　　　　　저는 클리닉에서 일해요.

4. **escritor** ● ● **D** Piloto un avión.
   작가 　　　　　　　　　　　　저는 비행기를 조종해요.

5. **piloto** ● ● **E** Trabajo en un banco.
   비행기 조종사 　　　　　　　　저는 은행에서 일해요.

Vocabulario

política (f) 정치, 정치학　　**clínica** (f) 클리닉, 병원　　**avión** (m) 비행기
banquero (m) 은행가　　　　**piloto** (v) (동사 pilotar의 1인칭 단수 현재
dentista (m) (f) 치과 의사　　형) 조종하다 (m) 비행기 조종사, 파일럿

정답　1. A　2. E　3. C　4. B　5. D

Aroma de España 스페인의 향기
⟨Historia de un Amor⟩
Trio Los Panchos

Ya no estás más a mi lado, corazón.	내 사랑! 넌 이미 내 곁을 떠나고
En mi alma solo tengo soledad.	내 가슴 속엔 오직 고독만 가득한데
Y si ya no puedo verte,	만약 다시는 널 볼 수 없다면
¿Por qué Dios me hizo quererte?	신은 왜 널 사랑하게 하셨는지?
¿Para hacerme sufrir más?	삶의 고통을 더 느끼게 하기 위함이었을까?
Siempre fuiste la razón de mi existir	언제나 내 삶의 모든 것이었던 너.
Adorarte para mí fue religión	너를 사랑함은 나에겐 차라리 종교였는데
En tus besos, yo encontraba	너의 입맞춤 속에서, 나는 느꼈지
El calor que me brindaba	나를 향한 그 뜨거움
El amor y la pasión.	사랑과 그 열정
Es la historia de un amor	세상 그 어디에서도 다시는 있을 수 없는
como no hay otro igual	내 사랑의 이야기
que me hizo comprender todo el bien, todo el mal.	
	모든 아름다운 것들과 모든 어두움을 가르쳐 주었던
que me dio luz a mi vida,	그 밝은 빛으로 나의 삶을 불 붙이고
apagándola después.	그후 이렇게 다시 거두어 가버리다니
¡Ay, qué vida tan oscura!	아! 이토록 삶은 어둡기만 할까
Sin tu amor no viviré.	나 이젠 살 수가 없어. 너의 사랑 없인
Es la historia de un amor....	어느 사랑의 옛 이야기 …….

Lección 6

¿Cómo es él?

그는 어떤 사람이에요?

스페인에서 어떤 사람의 특성을 말할 때 언급하는 요소 중 재미있는 하나는 그 사람의 머리카락 색깔이에요. rubio(금발)인지 moreno(흑발)인지를 묻는 경우를 자주 보는데, 이것은 피부색과 이어지며 결국 어떤 피를 이어받았느냐에 대한 간접적인 질문이 됩니다. 식민지시대를 거치면서 너무도 복잡한 혼혈이 나타나기 시작했고, 중앙에서는 엄격하게 사회 계층을 유지하려 했으나 그것이 힘들어지자 결국 피부색이 그 사람의 본래 혈통을 가리는 기준이 된 셈이지요. 하지만 라틴아메리카로 오면 그런 질문은 거의 없답니다. 다양한 혼혈 민족인 그들에겐 어울리지 않는 질문이기 때문입니다. 그래서 그들의 문학이나 철학 분야에서 항상 대두되는 주제는 바로 자신들의 Identidad, 즉 정체성에 관한 것입니다. 물론 그런 다양한 혼혈의 결과, 미남 미녀가 많기도 하지만 말이에요. 베네수엘라의 경우 세계적인 미인을 가장 많이 배출한 나라라는 것, 기억하시죠?

Atención

기본 회화

A ¿Cómo es Carlos?

B Él es alto y simpático.

> A 카를로스는 어떤 사람이에요?
> B 키가 크고 상냥한 사람입니다.

A ¿Es Alberto muy tímido?

B No, no es así. Es una persona muy alegre.

> A 알베르토는 아주 소심한가요?
> B 아뇨, 그렇지 않아요. 매우 명랑한 사람이에요.

Vocabulario

alto ⓐ 키가 큰, 높은
simpático ⓐ 상냥한
tímido ⓐ 내성적인, 소심한
persona ⓕ 사람
muy adv 매우
alegre ⓐ 기쁜, 유쾌한

Gramática

문법

I. 사람의 특성에 대한 묘사

잘 모르는 사람의 성품, 외모, 또는 직업을 물을 때 사용할 수 있는 몇 가지 표현들이 있습니다. 예를 들어 Cómo로 물으면 어떤 대상의 상태나 특성 등을 묻는 질문이 되고, Qué는 주로 직업, 신분 등을 묻는 질문이 되지요. 좀 더 적극적으로 물을 경우 다음과 같이 바로 물어볼 수도 있습니다.

¿Es Carlos alto? 카를로스는 키가 큰가요?
¿Es Carlos simpático? 카를로스는 다정한 사람인가요?

이런 경우, 대답은 다음과 같습니다.

Sí, es alto. 네, 키가 커요. / No, no es alto. Es bajo. 아뇨, 안 커요. 작아요.
Sí, es muy simpático. 네, 무척 상냥해요. / No, no es simpático. 아뇨, 상냥하지 않아요.

II. 형용사의 성·수 일치

스페인어의 가장 큰 특징 중 하나는 바로 성·수 일치의 문제입니다. '관사, 명사, 형용사의 삼위일체!' 그 중에서 중심이 되는 것은 당연히 명사이지요. 명사의 성·수에 따라 관사와 형용사의 성·수가 결정되기 때문입니다. 예를 들어, chico(소년)와 chica(소녀)라는 명사를 가지고 살펴보면 다음과 같습니다.

chico(소년)란 남성 명사의 경우

el chico guapo 잘생긴 소년

chica(소녀)란 여성 명사의 경우

la chica guapa 예쁜 소녀

복수가 되면 성·수 일치의 형태가 더욱 명확하게 드러납니다.

    los chicos guapos 잘생긴 소년들
    las chicas guapas 예쁜 소녀들

끝이 '-o'로 끝나지 않는 형용사들은 성은 일치시키지 않고 수만 일치시킵니다.

    un libro interesante 재미있는 책
    unos libros interesantes 재미있는 책들

    una película interesante 재미있는 영화
    unas películas interesantes 재미있는 영화들

사람의 성격이나 특징을 표현하는 형용사

alto	키가 큰	bajo	키가 작은
delgado	마른	gordo	뚱뚱한
nervioso	예민한	generoso	너그러운
tranquilo	조용한	inquieto	산만한
alegre	유쾌한	amable	상냥한
antipático	퉁명스런	tímido	소심한
serio	과묵한	educado	예의 바른

위의 표에서 '-o'로 끝나는 형용사는 어미 [-o]를 [-a]로 바꾸면 여성형용사가 됩니다.

    alto 키가 큰 (남성형용사) → alta 키가 큰 (여성형용사)

Diálogos

실전 회화

회화 연습1

A ¿Cómo es la señora Antonia?
B Es alta, rubia y muy simpática.
A ¿Qué es ella?
B Es abogada.
A ¿Es española o sudamericana?
B Es española, de Barcelona.

A 안토니아 부인은 어떤 사람인가요?
B 키가 크고 금발이며, 아주 상냥한 사람이지요.
A 무슨 일을 하시나요?
B 변호사입니다.
A 스페인 사람인가요? 남미 사람인가요?
B 스페인 바르셀로나 출신입니다.

회화 연습2

A ¿Es muy tímida Diana?
B No, al contrario. Es muy alegre y habladora.
A Entonces, ¿por qué está tan callada conmigo?
B ¡Yo qué sé!

A 디아나는 매우 내성적이니?
B 아니, 정반대야. 아주 명랑하고 수다쟁이인데.
A 그럼 왜 나와는 그렇게 말을 하지 않지?
B 내가 알게 뭐야!

Vocabulario

회화 연습1
rubia ⓐ (형용사 rubio의 여성형) 금발의
abogada ⓕ 여자 변호사
o ⓒⓞⓝⓙ 아니면, 혹은
sudamericana ⓕ 남미 여자
ⓐ (형용사 sudamericano의 여성형) 남미의

회화 연습2
al contrario 정반대의

habladora ⓐ (형용사 hablador의 여성형) 말이 많은, 수다쟁이의
entonces ⓐⓓⓥ 그렇다면, 그래서
por qué 왜
callada ⓐ (형용사 callado의 여성형) 말이 없는, 조용한
conmigo ⓟⓡⓞⓝ 나와 함께
sé ⓥ (동사 saber의 1인칭 단수 현재형) 알다
¡Yo qué sé! 내가 어떻게 알아! 알게 뭐람! / ¡Quién sabe!와 같은 뜻.

Vamos a escribir
따라 쓰기

회화 연습1

¿Cómo es la señora Antonia?
안토니아 부인은 어떤 사람인가요?

Es alta, rubia y muy simpática.
키가 크고 금발이며, 아주 상냥한 사람이지요.

¿Qué es ella?
무슨 일을 하시나요?

Es abogada.
변호사입니다.

¿Es española o sudamericana?
스페인 사람인가요? 남미 사람인가요?

Es española, de Barcelona.
스페인 바르셀로나 출신입니다.

> 회화 연습2

¿Es muy tímida Diana?
디아나는 매우 내성적이니?

No, al contrario. Es muy alegre y habladora.
아니, 정반대야. 아주 명랑하고 수다쟁이인데.

Entonces, ¿por qué está tan callada conmigo?
그럼 왜 나와는 그렇게 말을 하지 않지?

¡Yo qué sé!
내가 알게 뭐야!

Ejercicios

연습 문제

I. 보기와 같이 질문에 답하세요.

> ¿Cómo es el restaurante? (limpio) 레스토랑은 어때요?
> **El restaurante es limpio.** 레스토랑은 깨끗해요.

1. ¿Cómo es el bar? (agradable)   바는 어때요?

2. ¿Cómo es Pedro? (alto)   페드로는 어떤 사람이에요?

3. ¿Cómo es la cafetería? (antigua)   커피숍은 어때요?

4. ¿Cómo es Ana? (seria)   아나는 어떤 사람이에요?

5. ¿Cómo es el jardín? (bonito)   정원은 어때요?

Vocabulario

limpio ⓐ 깨끗한
agradable ⓐ 분위기 좋은, 온화한
antigua ⓐ (형용사 antiguo의 여성형) 오래된
seria ⓐ (형용사 serio의 여성형) 진지한, 과묵한
jardín ⓜ 정원
bonito ⓐ 아름다운, 예쁜, 귀여운

정답 1. El bar es agradable. 2. Pedro es alto. 3. La cafetería es antigua.
4. Ana es seria. 5. El jardín es bonito.

II. 보기와 같이 질문에 답하세요.

> ¿Qué es ella? (azafata) 그녀는 무슨 일을 해요?
> **Ella es azafata.** 그녀는 승무원이에요.

1. ¿Qué es el señor? (empresario) 저 남자분은 무슨 일을 하세요?

2. ¿Qué es José? (militar) 호세는 무슨 일을 해요?

3. ¿Qué es Carmen? (pianista) 카르멘은 무슨 일을 해요?

4. ¿Qué es Juana? (secretaria) 후아나는 무슨 일을 해요?

5. ¿Qué es Pedro? (guitarrista) 페드로는 무슨 일을 해요?

Vocabulario

empresario (m) 기업인
militar (m) 군인
secretaria (f) 여자 비서
guitarrista (m) (f) 기타리스트

정답 1. El señor es empresario. 2. José es militar. 3. Carmen es pianista.
4. Juana es secretaria. 5. Pedro es guitarrista.

III. 보기와 같이 질문에 답하세요.

> ¿Es Carlos bajo? (alto)   카를로스는 키가 작나요?
> No, Carlos no es bajo. Es alto.   아니요, 카를로스는 키가 작지 않아요. 키가 커요.

1. ¿Son bonitos los anillos? (feos)   반지들은 예쁜가요?

2. ¿Es agradable el director? (antipático)   사장님은 온화한가요?

3. ¿Es el coche antiguo? (moderno)   자동차는 구식인가요?

4. ¿Es el libro barato? (caro)   책은 싼가요?

5. ¿Es la calle tranquila? (ruidosa)   거리는 조용한가요?

Vocabulario

anillo ⒨ 반지, 고리
feo ⓐ 못생긴, 추한
antipático ⓐ 퉁명스러운
moderno ⓐ 최신의, 현대의

barato ⓐ 싼
caro ⓐ 비싼
tranquila ⓐ (형용사 tranquilo의 여성형) 조용한
ruidosa ⓐ (형용사 ruidoso의 여성형) 소란스러운

정답 1. No, los anillos no son bonitos. Son feos. 2. No, el director no es agradable. Es antipático.
3. No, el coche no es antiguo. Es moderno. 4. No, el libro no es barato. Es caro.
5. No, la calle no es tranquila. Es ruidosa.

Lección 7

¿Qué es esto?

이것은 무엇입니까?

모르는 것이 있으면 염치 불구하고 물어볼 일이지요. '학문에 왕도는 없다'고 하지만 지름길은 분명 있다고 생각합니다. '모르는 것 알고 가기!' 그게 바로 학문의 참뜻이고 공부 잘하는 비결이 아닐까요? 누군가가 그랬어요. 스페인 사람들의 속성이, 아는 체 하는 사람에겐 모를 때까지 묻고, 모르는 사람에겐 알 때까지 가르쳐 준다고……. 역시 스페인 사람들이에요. 정말 대단하지 않나요? 도대체 그 정열은 어디서 나오는지……. 그러니 아무 걱정 마시고, 모를수록 많이 알게 되는 스페인어, 열심히 질문하시기 바랍니다. ¿Qué?... ¿Cómo?... ¿Por qué?...

Atención

기본 회화

A ¿Qué es esto?

B Es un reloj.

> **A** 이게 무엇인가요?
> **B** 시계입니다.

A ¿Quién es aquel?

B Es un escritor bastante famoso.

> **A** 저 사람은 누구예요?
> **B** 상당히 유명한 작가입니다.

Vocabulario

reloj [m] 시계
quién [pron] 누구, 어떤 사람
aquel [pron] 저 사람, 저것
escritor [m] 작가
bastante [adv] 상당히, 충분히 [a] 상당한, 충분한
famoso [a] 유명한

Gramática

문법

I. 지시대명사와 지시형용사

		대명사	형용사	대명사	형용사	대명사	형용사
		이것(사람)	이	그것(사람)	그	저것(사람)	저
단수	남	este	este	ese	ese	aquel	aquel
	여	esta	esta	esa	esa	aquella	aquella
복수	남	estos	estos	esos	esos	aquellos	aquellos
	여	estas	estas	esas	esas	aquellas	aquellas
중성		esto		eso		aquello	
장소부사		aquí 여기		ahí 거기		allí 저기	

스페인어의 지시어는 크게 지시형용사와 지시대명사로 나뉩니다. 이 둘의 차이점은 단지 명사를 동반했는가 아닌가 입니다. 즉, 뒤에 명사를 동반하면 지시형용사이고, 명사를 동반하지 않으면 지시대명사입니다. 사물과 사람에게 모두 사용할 수 있습니다.

① 명사를 동반하면 : 지시형용사
② 명사를 동반하지 않으면 : 지시대명사

este hombre   이 사람 (지시형용사)
este   이 사람 (지시대명사)

* 참고로, 지시형용사는 반드시 명사 앞에 위치하니 주의하세요.

Este hombre es mi tío.   이 남성은 제 삼촌입니다.
Este es rico.   이 사람은 부자입니다.
Este papel está sucio.   이 종이는 더러워요.
Este está más limpio.   이것이 더 깨끗해요.

이들 지시어들도 남성과 여성으로 나뉘지만, 전혀 모르는 사물을 가리킬 때는 중성 지시어인 esto, eso, aquello를 씁니다. 즉, 묻는 사람은 그 대상이 남성인지 여성인지 모르니까 중성으로 묻지요. 하지만 대답하는 사람의 경우, 성별을 알고서 답을 한다면 그 명사의 성에 따라 적절한 관사를 붙여줘야겠습니다.

¿Qué es esto? (중성대명사) 이것이 뭐지요?
Esto es una máquina de escribir. (부정관사 여성형) 이건 타자기입니다.

II. 장소부사

또 하나 알아야 할 것은 장소부사의 쓰임입니다. 장소부사는 실생활에서 빈번히 쓰이는 부사이며, 일반적으로 아래에 있는 장소부사들이 제일 많이 쓰이는 편입니다.

aquí [여기] : 제1의 장소. 말하는 사람이 있는 곳
ahí [거기] : 제2의 장소. 대화하고 있는 곳에서 약간 떨어진 곳
allí [저기] : 제3의 장소. 대화하고 있는 곳에서 아주 먼 곳

장소부사는 자연스럽게 지시어들과 관계를 맺고 있습니다. 다시 말해서, 'este libro(이 책)'는 'aquí(여기)'에 있지 'allí(저 쪽)'에 있을 순 없는 거지요. 즉, '여기에 이 책', '거기에 그 책', '저기에 저 책'. 이런 식으로 생각한다는 것입니다.

Aquí estoy. 나는 여기 있어요.
Ahí está el coche. 자동차는 거기 있어요.
Allí vive mi abuelo. 저기(멀리)에 제 할아버지가 사세요.

주의해야 할 점은, ahí와 allí를 각각 편의상 '거기'와 '저기'로 해석하지만, 우리말로 뭐라고 하는가보다는 스페인어가 가리키는 원래의 뜻을 이해하는 것이 중요합니다. aquí는 말하는 사람이 있는 장소를 의미하고, ahí는 조금 떨어진 곳을, allí는 제법 떨어진 곳을 의미한다는 정도로만 기억하고 있으면 되지요. 몇 미터부터 몇 미터까지가 ahí이고 allí인지는 스페인 사람들도 모르니까요.

Diálogos

실전 회화

회화 연습1

- A ¿Qué es esto?
- B Es un libro.
- A Y, ¿qué es eso?
- B Es un regalo para tu cumpleaños.
- A ¿De veras? ¿Me lo das ahora mismo?
- B No ahora sino mañana. Porque tu cumpleaños es mañana, ¿no?

- A 이게 뭐야?
- B 책이야.
- A 그럼, 그건 뭔데?
- B 네게 줄 생일 선물이지.
- A 정말? 지금 당장 그거 나 줄 거야?
- B 지금 말고 내일. 네 생일은 내일이잖아, 안 그래?

회화 연습2

- A Hola. Esta es mi esposa y este es mi hijo.
- B Mucho gusto. Me llamo Julia. Bienvenidos a mi casa.
- A Muchas gracias por la invitación.
- B De nada. Adelante, por favor.

- A 안녕하세요. 이 사람은 제 아내고, 이 아이는 제 아들입니다.
- B 만나서 반갑습니다. 저는 훌리아입니다. 저희 집에 오신 걸 환영합니다.
- A 초대해 주셔서 정말 감사합니다.
- B 천만에요. 자, 들어오세요.

Vocabulario

회화 연습1
regalo (m) 선물
para (prep) ~을 위해
cumpleaños (m) (pl) 생일
veras (f) (pl) 진실, 사실
de veras 진짜로, 정말로
ahora (adv) 지금, 현재, 곧, 조금 전
mismo (adv) 바로, 곧

ahora mismo 지금, 곧
no A sino B A가 아니고 B인
porque (conj) ~이기 때문에, ~이므로
tu (a) (소유형용사 2인칭 단수) 너의
mañana (adv) 내일

회화 연습2
esposa (f) 아내, 부인

gusto (m) 기호, 취미, 기쁨
bienvenido (a) 환영하는
Bienvenidos 환영합니다
invitación (f) 초대
adelante (adv) 앞으로 / 여기서는 '들어오세요'라는 뜻.

Vamos a escribir
따라 쓰기

회화 연습1

¿Qué es esto?
이게 뭐야?

Es un libro.
책이야.

Y, ¿qué es eso?
그럼, 그건 뭔데?

Es un regalo para tu cumpleaños.
네게 줄 생일 선물이지.

¿De veras? ¿Me lo das ahora mismo?
정말? 지금 당장 그거 나 줄 거야?

No ahora sino mañana. Porque tu cumpleaños es mañana, ¿no?
지금 말고 내일. 네 생일은 내일이잖아, 안 그래?

회화 연습2

Hola. Esta es mi esposa y este es mi hijo.
안녕하세요. 이 사람은 제 아내고, 이 아이는 제 아들입니다.

Mucho gusto. Me llamo Julia. Bienvenidos a mi casa.
만나서 반갑습니다. 저는 훌리아입니다. 저희 집에 오신 걸 환영합니다.

Muchas gracias por la invitación.
초대해 주셔서 정말 감사합니다.

De nada. Adelante, por favor.
천만에요. 자, 들어오세요.

Ejercicios
연습 문제

I. 지시형용사를 사용하여 보기와 같이 문장을 완성하세요.

> **La película es interesante. (esta)**   영화는 재미있어요. (이)
> **Esta película es interesante.**   이 영화는 재미있어요.

1. **El libro es nuevo. (ese)**   책은 새것이에요. (그)

2. **La señora es amable. (aquella)**   부인은 친절해요. (저)

3. **El edificio es alto. (este)**   빌딩은 높아요. (이)

4. **El reloj es de oro. (aquel)**   시계는 금으로 되어 있어요. (저)

5. **Las chicas son de Corea. (esas)**   소녀들은 한국 사람들이에요. (그)

Vocabulario

interesante a 재미있는
nuevo a 새로운
edificio m 건물, 빌딩
oro m 금(金)
chicas f pl 여자아이들, 소녀들

정답 1. Ese libro es nuevo. 2. Aquella señora es amable. 3. Este edificio es alto.
4. Aquel reloj es de oro. 5. Esas chicas son de Corea.

II. 다음 문장들을 보기와 같이 단수로 바꾸세요.

> **Estos libros son interesantes.** 이 책들은 재미있어요.
> → **Este libro es interesante.** 이 책은 재미있어요.

1. Estas rosas son rojas. 이 장미꽃들은 붉어요.

→ _____

2. Esos almacenes son grandes. 이 창고들은 커요.

→ _____

3. Esas estudiantes son francesas. 그 여학생들은 프랑스 사람들이에요.

→ _____

4. Aquellos hombres son trabajadores. 저 남자들은 근로자들이에요.

→ _____

5. Aquellas playas son hermosas. 저 해변들은 아름다워요.

→ _____

Vocabulario

rosa (f) 장미(꽃)
roja (a) (형용사 rojo의 여성형) 붉은
almacén (m) 창고, 백화점, 가게
trabajador (m) 노동자, 근로자
playa (f) 바닷가, 해변
hermosa (a) (형용사 hermoso의 여성형) 아름다운, 예쁜

정답 1. Esta rosa es roja. 2. Ese almacén es grande. 3. Esa estudiante es francesa.
4. Aquel hombre es trabajador. 5. Aquella playa es hermosa.

III. 보기와 같이 질문에 답하세요.

> **¿Qué es esto? (un jardín)** 이것은 무엇이지요?
> **Esto es un jardín.** 이것은 정원이에요.

1. ¿Qué es eso? (una iglesia)   그것은 무엇이지요?

2. ¿Qué es aquello? (un apartamento)   저것은 무엇이지요?

3. ¿Qué es esto? (una discoteca)   이것은 무엇이지요?

4. ¿Qué es eso? (un banco)   그것은 무엇이지요?

5. ¿Qué es aquello? (un gimnasio)   저것은 무엇이지요?

Vocabulario

iglesia (f) 교회, 성당
apartamento (m) 아파트
discoteca (f) 디스코텍
gimnasio (m) 체육관

정답 1. Eso es una iglesia. 2. Aquello es un apartamento. 3. Esto es una discoteca.
4. Eso es un banco. 5. Aquello es un gimnasio.

Lección 8
¿Hay un bar por aquí cerca?

이 근처에 바가 있나요?

여행을 하다 보면 물어볼 일들이 많이 생기는데(물론 단체 여행은 제외), 바로 이런 이유로 여행을 하는 것이 교실에서 공부하는 것보다 회화 실력을 더 향상시켜 줍니다. 스페인 마드리드 시내만 해도 정말 볼 것이 무궁무진하지요. 세계적인 박물관 El Museo del Prado를 비롯한 여러 다양한 박물관들, 옛스런 풍채를 그대로 자랑하는 La Gran Vía 거리의 극장들, 현대적 실험 극장들, Salsa bar, 아랍식 나이트클럽, 다양한 햄과 소시지, 특히 Jamón Serrano라고 불리는 스페인식 햄이 주렁주렁 매달린 Museo del jamón(햄 박물관)이라는 가게는 가히 세계적 풍물이라 할 정도로 흥미진진하답니다. 많이 걷고, 보고, 묻고, 들으며 스페인어의 묘미를 만끽하도록 하세요. 스페인어에 관심을 가졌다는 것 자체가 어쩌면 우리에게 이미 '돈키호테'의 자유와 낭만, 그리고 끝없는 도전의 피가 흐르고 있다는 게 아닐지…….

Atención

기본 회화

A Perdón, ¿hay un bar por aquí cerca?

B Sí, mira, aquí a la derecha.

> A 실례합니다만, 이 근처에 바가 있나요?
> B 네, 보세요, 여기 오른쪽에 있어요.

A Perdone, ¿dónde está la parada de autobús?

B Pues... siga todo recto.

> A 실례지만, 버스 정류장이 어디 있나요?
> B 어디 보자…… 곧장 가세요.

Vocabulario

perdón m 용서, 미안, 죄송
bar m 바, 술집
cerca adv 가까이
mira v (동사 mirar의 3인칭 단수 현재형) 바라보다
derecha f 오른쪽
perdone v (동사 perdonar의 접속법 현재 3인칭 단수 현재형. Ud.에 대한 긍정명령형) 용서해 주세요 / 주로 회화에서는 "저 죄송한데요…"라는 의미로 말을 건네기 위한 표현.

parada f 정류장
autobús m 버스
pues conj 그러면, 왜냐하면 / 여기서는 "저 … 그런데"의 뜻으로 말문을 꺼낼 때 별 의미 없이 하는 말.
siga v (동사 seguir의 접속법 현재 3인칭 단수형. Ud.에 대한 명령형) 따라가다, 계속하다
todo recto 곧장, 똑바로, 직진

Gramática
문법

I. 동사 hay의 용법

hay는 동사 haber의 현재시제 3인칭 단수의 특수형으로서, haber와는 독립적인 용법을 가집니다. 뜻은 '~이 있다'이며, 주어가 없는 문장 형태를 취하고 영어의 'there is~'와 의미가 비슷합니다. 그러므로 역시 '~이 있다'의 뜻을 갖는 동사 estar와 구별할 필요가 있는데, 주요 차이점은 다음과 같습니다.

estar	hay
문장의 주어가 있다	문장의 주어가 없다(보어가 있다)
정관사, 지시형용사, 소유형용사, 고유명사와 함께 쓰인다	부정관사, 수형용사, 무관사(주로 복수) 형태와 함께 쓰인다
특정 주어의 존재 유무를 말한다	어떤 대상의 막연한 존재 유무를 말한다

1. estar 동사 예문

El libro está en la mesa. 그 책은 테이블에 있다.
정관사

Mi libro está en la mesa. 내 책은 테이블에 있다.
소유형용사

Mario está en casa. 마리오는 집에 있다.
고유명사

2. hay 동사 예문

En la mesa hay un libro. 테이블에 책이 한 권 있다.
부정관사

En la mesa hay dos libros. 테이블에 책이 두 권 있다.
수형용사

En la mesa hay libros. 책들이 테이블에 있다.
무관사, 복수형

II. 전치사 + 남성 정관사 el의 축약형

전치사 a는 주로 '~에게, ~을, ~으로(방향)'를 나타내며, 영어의 전치사 to와 흡사합니다. 그리고 전치사 de는 주로 '~의(소유, 영어의 of), ~로 부터(출신, 출처, 영어의 from), ~에 관하여(영어의 about)'로 쓰입니다.

축약형
a + el = al
de + el = del

Llamo al profesor de español. 나는 스페인어 교수님께 전화한다.
Este artículo es del periódico. 이 기사는 신문으로부터 발췌한 것이다.

III. 위치를 나타내는 전치사 · 부사구

어떤 사물이나 대상의 위치를 말할 때 필요한 표현들입니다.

delante de	~앞에	detrás de	~뒤에
al lado de	~옆에	al otro lado de	~건너편에
encima de	~위에	debajo de	~아래에
dentro de	~안에	fuera de	~바깥에
a la derecha	오른쪽에	a la izquierda	왼쪽에

Marta está delante de mí. 마르따는 내 앞에 있다.
Tu bicicleta está al otro lado de la calle. 네 자전거는 건너편 거리에 있다.
La revista está encima de la mesa. 잡지는 테이블 위에 있다.
Hay una paloma fuera de la casa. 집 바깥에 비둘기 한 마리가 있다.
La cafeteriá está a la derecha del museo. 커피숍은 박물관 오른쪽에 있다.

Diálogos
실전 회화

회화 연습1

A Perdón. ¿Hay un restaurante chino por aquí cerca?
B A ver... Umm... sí. Detrás del cine, hay uno.
A Entonces, ¿el cine?
B ¡Ah, El cine! Coges la primera calle a la derecha.
A Muchas gracias.
B De nada.

A 실례합니다. 이 근처에 중국 식당이 있나요?
B 글쎄요… 음… 네. 영화관 뒤에 하나 있어요.
A 그러면, 영화관은 어디 있지요?
B 아, 영화관요! 오른쪽 첫 번째 거리로 가세요.
A 대단히 감사합니다.
B 천만에요.

회화 연습2

A Oye, perdona, ¿hay una oficina de Correos por aquí?
B Sí, mira. Coges la segunda calle a la izquierda y sigues todo recto, unos cien metros. Allí está Correos.
A Cojo la segunda calle a la izquierda y sigo todo recto. Allí está Correos.
B Sí, eso es.

A 저, 미안한데, 이 근처에 우체국이 있니?
B 응, 있잖아. 왼쪽 두 번째 거리로 들어가서 100미터쯤 곧장 가. 거기에 우체국이 있어.
A 내가 왼쪽 두 번째 거리로 들어가서 곧장 가라구. 그러면 거기 우체국이 있다는 거구나.
B 그래, 바로 그거야.

Vocabulario

회화 연습1
restaurante [m] 식당, 레스토랑
chino [a] 중국의
detrás [adv] 뒤에
entonces [adv] 그러면, 그렇다면
coges [v] (동사 coger의 2인칭 단수 현재형) 잡다, 쥐다
primera [a] (형용사 primero의 여성형) 첫 번째의

calle [f] 거리, 길
muchas [a] (형용사 muchos의 여성형 복수) 많은

회화 연습2
Correos [m] [pl] 우체국
segunda [a] (형용사 segundo의 여성형) 두 번째의
izquierda [f] 왼쪽

sigues [v] (동사 seguir의 2인칭 단수 현재형) 따르다, 따라가다, 계속하다
unos(as) [a] (숫자 앞에서) 약, 가량, 쯤
cien [m] 백, 100
metro [m] 미터, 지하철
cojo [v] (동사 coger의 1인칭 단수 현재형) 잡다, 쥐다
sigo [v] (동사 seguir의 1인칭 단수 현재형) 계속하다, 쫓아가다

Vamos a escribir
따라 쓰기

회화 연습1

Perdón. ¿Hay un restaurante chino por aquí cerca?
실례합니다. 이 근처에 중국 식당이 있나요?

A ver... Umm... sí. Detrás del cine, hay uno.
글쎄요… 음… 네. 영화관 뒤에 하나 있어요.

Entonces, ¿el cine?
그러면, 영화관은 어디 있지요?

¡Ah, El cine! Coges la primera calle a la derecha.
아, 영화관요! 오른쪽 첫 번째 거리로 가세요.

Muchas gracias.
대단히 감사합니다.

De nada.
천만에요.

회화 연습2

Oye, perdona, ¿hay una oficina de Correos por aquí?
저, 미안한데, 이 근처에 우체국이 있니?

Sí, mira. Coges la segunda calle a la izquierda y sigues todo recto, unos cien metros. Allí está Correos.
응, 있잖아. 왼쪽 두 번째 거리로 들어가서 100미터쯤 곧장 가. 거기에 우체국이 있어.

Cojo la segunda calle a la izquierda y sigo todo recto. Allí está Correos.
내가 왼쪽 두 번째 거리로 들어가서 곧장 가라구. 그러면 거기 우체국이 있다는 거구나.

Sí, eso es.
그래, 바로 그거야.

Ejercicios

연습 문제

I. 보기와 같이 다음 대화들을 완성하세요.

> **Aquí hay un libro.** 여기 책이 한 권 있어요.
> **¿Es interesante este libro?** 이 책은 재미있어요?

1. **Ahí hay un parque.** 거기 공원이 하나 있어요.

   ¿Es bonito _____ parque? 그 공원은 예뻐요?

2. **Aquí hay una lámpara.** 여기 램프가 한 개 있어요.

   ¿Es cara _____ lámpara? 이 램프는 비싸요?

3. **Allí hay una revista.** 저기 잡지가 한 권 있어요.

   ¿De quién es _____ revista? 저 잡지는 누구의 것이에요?

4. **Ahí hay una pensión.** 거기 펜션이 하나 있어요.

   ¿Cómo es _____ pensión? 그 펜션은 어때요?

5. **Aquí a la derecha hay un restaurante.** 여기 오른쪽에 레스토랑이 하나 있어요.

   ¿Es bueno _____ restaurante? 이 레스토랑은 좋아요?

Vocabulario

lámpara f 램프, 스탠드
revista f 잡지
de quién 누구의
pensión f 펜션, 작은 호텔

정답 1. ese 2. esta 3. aquella 4. esa 5. este

II. 보기와 같이 밑줄 친 곳에 알맞은 말을 넣어 보세요.

> **Esta falda es muy bonita.** 이 치마는 매우 예뻐요.
> **Aquí hay una falda muy bonita.** 여기 예쁜 치마가 하나 있어요.

1. **Aquel señor es amable.** 저 남자분은 상냥해요.

   _____ **hay un señor amable.** 저기 상냥한 남자분이 한 명 계세요.

2. **Aquella playa es larga.** 저 해변은 길어요.

   _____ **hay una playa larga.** 저기 긴 해변이 하나 있어요.

3. **Este mueble es lujoso.** 이 가구는 호화로워요.

   _____ **hay un mueble lujoso.** 여기 호화로운 가구가 하나 있어요.

4. **Esa tienda es barata.** 그 가게는 싸요.

   _____ **hay una tienda barata.** 거기 싼 가게가 하나 있어요.

5. **Este televisor es moderno.** 이 텔레비전은 최신식이에요.

   _____ **hay un televisor moderno.** 여기 최신 텔레비전이 한 대 있어요.

Vocabulario

falda f 스커트
larga a (형용사 largo의 여성형) 긴
mueble m 가구
lujoso a 사치스런, 호화로운

tienda f 가게, 천막
televisor m 텔레비전 수상기
moderno a 최신의, 현대의

정답 1. Allí 2. Allí 3. Aquí 4. Ahí 5. Aquí

III. 보기와 같이 문장을 바꾸세요.

> **En la mesa hay un libro.** 테이블에 책이 한 권 있어요.
> → **El libro está en la mesa.** 그 책은 테이블 위에 있어요.

1. En el parque hay una fuente. 공원에 분수가 하나 있어요.

→ _____

2. En el patio hay unos perros. 안뜰에 개들이 있어요.

→ _____

3. En la nevera hay unas verduras. 냉장고에 채소들이 있어요.

→ _____

4. En el hotel hay una piscina. 호텔에 수영장이 하나 있어요.

→ _____

5. En la plaza hay un mercado. 광장에 시장이 하나 있어요.

→ _____

Vocabulario

fuente (f) 분수, 샘 **nevera** (f) 냉장고 **mercado** (m) 시장
patio (m) 안뜰 **verdura** (f) 채소
perro (m) 개 **piscina** (f) 수영장

정답 1. La fuente está en el parque. 2. Los perros están en el patio.
3. Las verduras están en la nevera. 4. La piscina está en el hotel.
5. El mercado está en la plaza.

IV. 보기와 같이 대화를 완성하세요.

> ¿Dónde está la botella? (encima de la mesa)   병은 어디에 있나요? (테이블 위에)
> La botella está encima de la mesa.   병은 테이블 위에 있어요.

1. ¿Dónde está el gato? (debajo de la cama)
   고양이는 어디에 있나요? (침대 아래에)

   _____

2. ¿Dónde está la farmacia? (delante de la plaza)
   약국은 어디에 있나요? (광장 앞에)

   _____

3. ¿Dónde está la billetera? (dentro de la caja)
   지갑은 어디에 있나요? (서랍 안에)

   _____

4. **¿Dónde está el banco? (detrás de la iglesia)**
   은행은 어디에 있나요? (교회 뒤에)

5. **¿Dónde está la oficina de turismo? (a la izquierda del cine)**
   관광 사무소는 어디에 있나요? (영화관 왼쪽에)

Vocabulario

botella (f) 병	**cama** (f) 침대	**dentro** (adv) 속에, 안에
encima (adv) 위에	**farmacia** (f) 약국	**caja** (f) 상자, 서랍
gato (m) 고양이	**delante** (adv) 앞에	**turismo** (m) 관광
debajo (adv) 아래에, 아래로	**billetera** (f) 지갑	

정답 1. El gato está debajo de la cama. 2. La farmacia está delante de la plaza.
3. La billetera está dentro de la caja. 4. El banco está detrás de la iglesia.
5. La oficina de turismo está a la izquierda del cine.

Lección 9

¿A dónde va Ud.?

어디 가세요?

어디를 간다는 것은 늘 우리의 마음을 설레게 합니다. 그곳이 잘 알려지지 않은 미지의 세계라면 그 흥분과 기대는 훨씬 더하지요. 끝없이 이어지는 길, 길들… …. 그 수많은 길 중 어느 것을 선택하느냐에 따라 그날 하루가, 넓게는 한 인생이 달라질 것입니다. 콜럼버스의 모험심까지는 갖지 않더라도, 사람들이 쉽게 선택하지 않는 제3세계, 그 중에서도 스페인과 중남미를 탐험하겠다고 나선 여러분들의 발끝에는 다른 사람들은 꿈에도 상상하지 못할 미래가 한걸음, 한걸음, 걸어갈 때마다 열리고 있다는 사실, 그것만으로도 가슴 떨리는 일일 거예요. 그렇다면 지금 여러분은 어디로 가고 있는 걸까요? ¿A dónde va Ud. ahora?

Atención

기본 회화

A ¿A dónde va Ud.?

B Voy al supermercado.

> **A** 어디 가세요?
> **B** 슈퍼마켓에 가는 길입니다.

A ¿A dónde vas estas vacaciones?

B Voy a la Costa del Sol◆ con mis amigos.

> **A** 이번 방학에 어디 가니?
> **B** 친구들과 '코스타 델 솔'에 갈 거야.

Vocabulario

supermercado m 슈퍼마켓
vacaciones f pl (주로 복수로 사용) 휴가, 방학
costa f 해안

sol m 태양
amigo m 친구

◆ **La Costa del Sol**
코스타 델 솔
스페인 남부의 안달루시아 지방을 지나 지중해 가장 서쪽에 위치한 이 해변은 도시 Malagá를 중심으로 발달하여 현재 유럽 최대의 휴양지로 손꼽히지요. 8세기에는 아랍 문명이 스페인으로 들어오는 통로이기도 했구요. 일년 내내 내리쬐는 밝고 아름다운 햇살 아래의 모래밭에 앉아 푸른 하늘과 푸른 파도, 그리고 하얀 집들의 조화를 보는 것만으로도 한없이 행복하고 유쾌한 곳, 스페인의 또 하나의 얼굴이랍니다.

Gramática
문법

I. 이동 방향에 대한 표현 : A dónde ~

목적지를 묻는 가장 기본적인 표현입니다. 전치사 a의 뜻은 영어의 to 정도로 생각하면 무리가 없지요. 대답할 때도 반드시 전치사 a를 사용해서 말해야 한다는 점, 잊지 마세요.

¿A dónde vamos? 우리 어디로 갈까요?
A la universidad. 대학으로 가요.

1. ir 동사의 직설법 현재 불규칙 변화표

	단수		복수	
1인칭	yo	voy	nosotros/as	vamos
2인칭	tú	vas	vosotros/as	vais
3인칭	Ud. / él / ella	va	Uds. / ellos / ellas	van

2. 동사 ir와 주요 전치사의 결합

ir a ... [~로] : 목적지와 방향

　Voy a la estación. 나는 역으로 간다.

ir de ... a ... [~에서 ~로(까지)] : 출발지에서 목적지까지

　Vamos de aquí a la oficina. 우리는 이곳에서 사무실로 간다.

ir por ... [~를 지나] : 가는 경로

　Vas por Segovia. 너는 세고비아를 지나서 간다.

ir en ... [~로(~를 타고)] : 교통수단

　Van en metro. 그들은 지하철을 타고 간다.

II. 의문사

의문사의 주요 특징은 다음과 같습니다.

1) 의문문과 감탄문을 만든다.
2) 문장 맨 앞에 놓인다.
3) 반드시 [´](tilde: 악센트 부호)를 표시한다.

qué
(what 무엇) 모르는 것에 대해 물을 때 사용한다. 성·수 불변
¿Qué es esto? 이것은 무엇입니까?

cuál
(which 어떤 것) 특정한 사람, 또는 사물을 가리킬 때 사용한다. 복수가 있다. (cuáles)
¿Cuál de estos libros es de Clara? 이 책들 중 어떤 것이 끌라라의 것인가요?

quién
(who 누구) 사람에게만 사용한다. 복수가 있다. (quiénes)
¿Quién es el profesor de español? 누가 스페인어 교수입니까?

cómo
(how 어떻게) 방법, 수단을 나타낸다. 성·수 불변
¿Cómo vas a preparar la sopa? 너는 수프를 어떻게 만들 거니?

dónde
(where 어디) 장소를 나타낸다. 성·수 불변
¿Dónde vive Ud.? 당신은 어디 사세요?

cuándo
(when 언제) 시간, 때를 나타낸다. 성·수 불변
¿Cuándo llega José a casa? 호세는 언제 집으로 오나요?

por qué
(why 왜) 이유, 원인을 나타낸다. 성·수 불변
¿Por qué estás tan serio? 너 왜 이렇게 심각하니?

cuánto
(how much 양·가격이 얼마 / how many 숫자가 몇 개의) 성·수의 변화가 있다. (cuánto, cuántos, cuánta, cuántas) 복수 형태는 셀 수 있는 명사에 한해서만 가능하다.
¿Cuánto vale esta bolsa? 이 가방 얼마입니까?
¿Cuántas manzanas quiere llevar Ud.? 몇 개의 사과를 가져갈 겁니까?

Diálogos
실전 회화

회화 연습1

A ¡Hola, Susana! ¿A dónde vas?
B Voy a casa.
A ¿Por qué no charlamos un rato?
B Vale. Entonces, ¿tomamos un café?
A Muy bien. Te invito yo.
B Gracias.

A 안녕, 수사나! 어디 가니?
B 집에 가는 길이야.
A 우리 잠깐 이야기 좀 할까?
B 좋아. 그럼 커피 한잔 할까?
A 아주 좋아. 커피는 내가 살게.
B 고마워.

회화 연습2

A ¿A dónde vamos esta noche?
B ¿No estás cansado?
A Nada. Y tú, ¿qué tal?
B Si digo la verdad, estoy fatal.

A 오늘 밤 우리 어디 갈까?
B 너는 안 피곤하니?
A 전혀. 넌 어떤데?
B 사실을 말하자면, 난 죽을 지경이야.

Vocabulario

회화 연습1
charlamos [v] (동사 charlar의 1인칭 복수 현재형) 수다떨다, 잡담하다
rato [m] 순간, 잠깐
tomamos [v] (동사 tomar의 1인칭 복수 현재형) 마시다, 잡다

invito [v] (동사 invitar의 1인칭 단수 현재형) 초대하다

회화 연습2
cansado [a] 피곤한
si [conj] 만일, 만약

digo [v] (동사 decir의 1인칭 단수 현재형) 말하다
verdad [f] 사실, 진실
fatal [a] 치명적인, 죽을 것 같은

Vamos a escribir
따라 쓰기

회화 연습1

¡Hola, Susana! ¿A dónde vas?
안녕, 수사나! 어디 가니?

Voy a casa.
집에 가는 길이야.

¿Por qué no charlamos un rato?
우리 잠깐 이야기 좀 할까?

Vale. Entonces, ¿tomamos un café?
좋아. 그럼 커피 한 잔 할까?

Muy bien. Te invito yo.
아주 좋아. 커피는 내가 살게.

Gracias.
고마워.

회화 연습2

¿A dónde vamos esta noche?
오늘 밤 우리 어디 갈까?

¿No estás cansado?
너는 안 피곤하니?

Nada. Y tú, ¿qué tal?
전혀. 넌 어떤데?

Si digo la verdad, estoy fatal.
사실을 말하자면, 난 죽을 지경이야.

Ejercicios

연습 문제

I. 보기와 같이 질문에 답하세요.

> **¿A dónde va Ud.? (ir al médico)**   당신은 어디 가세요? (병원에 가다)
> **Voy al médico.**   저는 병원에 갑니다.

1. ¿A dónde vas? (ir al supermercado)   너는 어디 가니? (슈퍼마켓에 가다)

2. ¿A dónde vais vosotros? (ir al restaurante)   너희는 어디 가니? (레스토랑에 가다)

3. ¿A dónde van ellos? (ir de excursión)   그들은 어디 가요? (소풍 가다)

4. ¿A dónde va ella? (ir a Correos)   그녀는 어디 가요? (우체국에 가다)

5. ¿A dónde vamos? (ir a clase)   우리는 어디 가요? (수업 가다)

Vocabulario

excursión f 소풍   **Correos** m pl (주로 복수) 우체국

정답 1. Voy al supermercado. 2. Vamos al restaurante. 3. Van de excursión.
4. Va a Correos. 5. Vamos a clase.

II. 보기와 같이 질문에 답하세요.

> **¿Qué compra Ud.? (una bicicleta)** 당신은 어디 가세요? (도서관)
> **Compro una bicicleta.** 저는 도서관에 가요.

1. **¿Cuándo regresa Ud. a España? (mañana)** 당신은 언제 스페인으로 돌아가세요? (내일)

2. **¿Dónde está el cine? (en la plaza)** 영화관은 어디에 있어요? (광장에)

3. **¿Cuál es la casa de Lee, esta o aquella? (esta)** Lee의 집은 이것과 저것 중 어떤 거예요? (이것)

4. **¿Quién limpia la habitación? (Antonia)** 누가 방을 청소해요? (안또니아)

5. **¿Cómo está la sopa? (deliciosa)** 수프는 어때요? (맛있는)

Vocabulario

bicicleta f 자전거
regresa v (동사 regresar의 3인칭단수 현재형) 돌아오다
limpia v (동사 limpiar의 3인칭단수 현재형) 청소하다
habitación f 방
sopa f 수프, 국
deliciosa a (형용사 delicioso의 여성형) 맛있는, 감미로운

정답 1. Mañana regreso a España. 2. El cine está en la plaza.
3. Esta es la casa de Lee. 4. Antonia limpia la habitación.
5. La sopa está deliciosa.

III. 그림을 보며 질문에 답하세요.

> **¿Dónde está el joven? (en la playa)** 청년은 어디에 있어요? (해변에)
> **El joven está en la playa.** 청년은 해변에 있어요.

1. **¿Dónde está el señor? (en la oficina)**
그 남자분은 어디에 있어요? (사무실에)

2. **¿Qué hace Ud. en la biblioteca? (estudiar)**
당신은 도서관에서 무엇을 하세요? (공부하다)

3. **¿Cómo está Marisol? (enfadada)**
마리솔은 어때요? (화가 난)

4. **¿Cuándo regresa Fernando a casa? (por la noche)**
페르난도는 언제 집으로 돌아와요? (밤에)

5. **¿Quiénes están en el hospital? (los médicos)**
누가 병원에 있어요? (의사들)

Vocabulario

biblioteca f 도서관   **hospital** m 병원

정답 1. El señor está en la oficina. 2. Estudio en la biblioteca. 3. Marisol está enfadada.
4. Fernando regresa a casa por la noche. 5. Los médicos están en el hospital.

Lección 10
¿Qué vamos a hacer este fin de semana?

이번 주말에 우리는 무엇을 할까요?

콜롬비아에는 'Viernes cultural(문화의 금요일)'이란 말이 있습니다. 한 주 동안 열심히 일했으니 주말의 시작인 금요일엔 흥겨운 모임이나 파티를 통해 피로를 풀자는 이야기지요. 그럴 때 외국인들은 자칫 잘못하면 외로움을 더 느끼게 되기 십상인데……. 그러므로 평소에 적극적으로 사람들과 친분을 쌓아놓는 일이 중요합니다. 외국에 나가서 친구를 사귄다는 것은 '사람을 안다'는 것 이상의 의미가 있답니다. 그들의 사고방식을 알 수 있고, 문화를 체험할 수 있으니까요. 책을 통해서만 얻을 수 있는 지식을 대화 속에서 자연스럽게 체득할 수 있으니 '일석다조(一石多鳥)'가 아닐까요? 또한 친분이 두터울수록 예상치 못한 많은 도움을 받기도 합니다. 그러니 외국에 가게 되면 반드시 현지의 친구들을 만들도록 하세요. 그래야 파티에 초대받아 그 나라 음식도 먹어보고 즐거운 추억도 만들겠죠?

Atención

기본 회화

A ¿Qué vamos a hacer este fin de semana?

B Vamos a dar una fiesta.

> A 이번 주말에 우리는 무엇을 할 건가요?
> B 파티를 열려고 해요.

A ¿Quién va a preparar la comida?

B Quizás, la prepara Carmen. Pero también puede que yo.

> A 누가 식사를 준비할 겁니까?
> B 아마도 카르멘이 준비하겠죠. 하지만 제가 준비할 수도 있어요.

Vocabulario

fin [m] 끝
semana [f] 주(週), 한 주간
dar [v] 주다
fiesta [f] 파티 / dar una fiesta 파티를 열다
preparar [v] 준비하다
comida [f] 식사

quizás [adv] 어쩌면, 아마도, 혹시
prepara [v] (동사 preparar의 3인칭 단수 현재형) 준비하다
también [adv] 역시, 또한
puede [v] (동사 poder의 3인칭 단수 현재형) 할 수 있다 /
poder + 동사 원형 : ~할 수 있다

Gramática
문법

I. 가까운 미래 또는 예정에 대한 표현 Ir + a + 동사 원형 : ~하려고 하다

가까운 미래의 계획이나 예정을 나타낼 때 매우 많이 쓰는 표현으로서, 영어의 be going to와 비슷합니다. 미래시제 대용으로 쓸 수 있으며, 오히려 미래보다 활용도가 더 높은 편이니 반드시 알아 두어야 해요. 여기서 사용하는 동사 ir는 '가다'라는 뜻으로, 일반적인 문장에서는 본래의 뜻으로 쓰인다는 건 당연한 이야기겠지요.

Yo	voy
Tú	vas
Ud. / él / ella	va
Nosotros / as	vamos
Vosotros / as	vais
Uds. / ellos / ellas	van

+ a + 동사 원형

Voy a salir con Adriana esta noche. 나는 오늘 밤 아드리아나와 데이트를 할 거예요.
Mañana él **va a viajar** a Argentina. 내일 그는 아르헨티나로 여행하려고 해요.
Vamos a terminar el trabajo para el lunes. 우리는 월요일까지 일을 마치려고 해요.

II. 스페인어 문장의 일반적 도치

스페인어 회화에서는 특히 '주어+동사'만으로 끝나는 단순하고 짧은 문장의 경우, 오히려 문장의 순서를 바꾸어서 '동사+주어'의 순서를 취할 때가 많아요.
Atención의 두 번째 회화 중 두 번째 문장에서의 "la prepara Carmen."(동사+주어)은 "Carmen la prepara."(주어+동사)를 도치한 것입니다. 이렇게 도치된 문장은 강조의 의미를 가지므로 뜻의 전달이 훨씬 분명하지요. 다음의 경우도 참고하기 바랍니다.

Yo pago.　　→　Pago yo.　내가 지불할게.
Juan estudia.　→　Estudia Juan.　후안은 공부한다.

III. 추측을 나타내는 표현 : quizá(s)

무언가를 추측하거나 불확실한 사항을 이야기할 때 많이 쓰는 단어로 quizá(s), tal vez, 또는 a lo mejor 등이 있어요. 뜻은 모두 '아마도, 어쩌면, 혹시' 등으로 같으나, 중요한 문법적 차이가 있습니다.

quizá(s), tal vez : 직설법과 접속법에 다 쓸 수 있다.
a lo mejor : 직설법에만 쓴다.

Quizá(s) viene Diana hoy. (직설법 : 확신도가 높은 추측)
Quizá(s) venga Diana hoy. (접속법 : 확신도가 낮은 추측)
아마도 디아나가 오늘 올 거예요.

두 문장 모두 동사 venir(오다)를 썼지만, 첫 번째 문장은 직설법 현재 3인칭 단수형을 사용해서 'viene'이고, 두 번째 문장은 접속법 현재 3인칭 단수형을 사용해서 'venga'입니다. 그 이유는, 말하는 사람의 확신도에 따라 표현을 선택하는 것입니다. 즉, Diana가 올 가능성이 높다고 생각하면 직설법으로 표현하고, Diana가 올 수도 있고 안 올수도 있을 것 같다고 생각되는 정도라면 접속법으로 표현하면 됩니다.

A lo mejor tienes razón.
어쩌면 네 말이 맞겠지.

직설법과 접속법

스페인어에서 직설법과 접속법 사용의 가장 큰 관건은, 말하고자 하는 내용이 사실적이고 현실 가능한 것인가, 아니면 비현실적이고 가상적인 것인가라는 것입니다. 즉 사실적, 현실 가능한 일이라면 직설법을 쓰고, 비현실적이고 가상의, 또는 추측의 내용을 말할 때는 접속법을 사용합니다.

Diálogos
실전 회화

회화 연습1

A ¿Cuándo va a venir José a casa?
B No sé. Pero generalmente, regresa alrededor de las seis de la tarde.
A Perfecto. Entonces, vamos a salir con él a cenar a las siete, ¿vale?
B Vale, de acuerdo.

A 언제 호세가 집에 올까요?
B 모르겠어요. 하지만 보통 오후 6시 경에 돌아와요.
A 좋아요. 그럼, 7시에 그와 함께 저녁 식사를 하러 나갑시다, 괜찮아요?
B 좋아요, 그러죠.

회화 연습2

A ¿Van a llegar a tiempo a la fiesta?
B Creo que sí. Porque son muy puntuales.
A ¿Cómo van a venir aquí, en coche o en autobús?
B En autobús. Es que todavía no tienen coche.

A 그들이 파티 시간에 맞춰 올까요?
B 그러리라 생각해요. 시간을 아주 잘 지키는 사람들이니까요.
A 여기를 어떻게 올까요? 자가용으로 올까요, 아니면 버스로 올까요?
B 버스로 올 거예요. 아직 그들은 자가용이 없거든요.

Vocabulario

회화 연습1
venir [v] 오다
sé [v] (동사 saber의 1인칭 단수 현재형) 알다, 이해하다
generalmente [adv] 일반적으로, 보통
alrededor [adv] 대략, 주위에
tarde [f] 오후
perfecto [a] 완벽한 / 여기서는 오히려 감탄사에 가까운 "좋아", "OK!"의 의미로 쓰임.
salir [v] 나가다, 출발하다
cenar [v] 저녁 식사하다

회화 연습2
llegar [v] 도착하다
a tiempo 시간에 맞게, 때 맞추어
creo [v] (동사 creer의 1인칭 단수 현재형) 믿다, ~라 생각하다
porque [conj] ~때문에, ~이므로
puntual [a] 시간을 잘 지키는, 확실한
todavía [adv] 아직도

Vamos a escribir
따라 쓰기

회화 연습1

¿Cuándo va a venir José a casa?
언제 호세가 집에 올까요?

No sé. Pero generalmente, regresa alrededor de las seis de la tarde.
모르겠어요. 하지만 보통 오후 6시경에 돌아와요.

Perfecto. Entonces, vamos a salir con él a cenar a las siete, ¿vale?
좋아요. 그럼, 7시에 그와 함께 저녁식사를 하러 나갑시다, 괜찮아요?

Vale, de acuerdo.
좋아요, 그러죠.

> 회화 연습2

¿Van a llegar a tiempo a la fiesta?
그들이 파티 시간에 맞춰 올까요?

Creo que sí. Porque son muy puntuales.
그러리라 생각해요. 시간을 아주 잘 지키는 사람들이니까요.

¿Cómo van a venir aquí, en coche o en autobús?
여기를 어떻게 올까요? 자가용으로 올까요, 아니면 버스로 올까요?

En autobús. Es que todavía no tienen coche.
버스로 올 거예요. 아직 그들은 자가용이 없거든요.

Ejercicios

연습 문제

I. 문장이 완성되도록 좌우의 말들을 적절하게 연결하세요.

1. **Voy a saludar**
   난 인사할 것이다

2. **Vas a nadar**
   넌 수영하러 간다

3. **Va a comprar**
   그는 사려고 한다

4. **Vamos a bailar**
   우리는 춤을 춥시다(추려고 한다)

5. **Van a cenar**
   그들은 저녁 식사를 하러 간다

A a la piscina
수영장에

B el coche
자동차를

C Tango
탱고

D a mis vecinos
이웃들에게

E a un restaurante
레스토랑에

Vocabulario

saludar v 인사를 하다
piscina f 수영장
nadar v 수영하다
Tango m 탱고(아르헨티나의 대표적인 춤)
bailar v 춤추다
vecino m 이웃

정답 1. D 2. A 3. B 4. C 5. E

II. 보기와 같이 질문에 답하세요.

> ¿Van Uds. a cantar Arirang? (Sí) 당신들은 아리랑을 노래할 거예요?
> Sí, vamos a cantar Arirang. 네, 우리는 아리랑을 노래할 거예요.

1. ¿Vas a trabajar más en la oficina? (No) 넌 사무실에서 일을 더 할 거니?

2. ¿Vais a limpiar el coche? (Sí) 너희는 자동차를 청소할 거니?

3. ¿Va a viajar José por Andalucía? (No) 호세는 안달루시아를 여행할 거예요?

4. ¿Vamos a comer fuera de casa? (Sí) 우리는 외식을 할 거니?

5. ¿Van a jugar al fútbol los chicos? (No) 소년들은 축구를 할 거예요?

Vocabulario

viajar (v) 여행하다
comer (v) 먹다, 식사하다
fuera (adv) 바깥에, 밖으로
jugar (v) 놀다, 경기를 하다
fútbol (m) 축구

정답 1. No, no voy a trabajar más en la oficina. 2. Sí, vamos a limpiar el coche.
3. No, no va a viajar José por Andalucía. 4. Sí, vamos a comer fuera de casa.
5. No, no van a jugar al fútbol los chicos.

III. 보기와 같이 질문에 답하세요.

> ¿Qué hace el chico hoy? (escribir una carta)   그 소년은 오늘 뭐 해요? (편지를 쓰다)
> El chico va a escribir una carta.   그 소년은 오늘 편지를 쓰려고 해요.

1. ¿Qué haces tú esta tarde? (pasear por el parque)   넌 오늘 오후에 뭐 해? (공원을 산책하다)

2. ¿Qué hacen los señores mañana? (salir para el aeropuerto)
   그 남자분들은 내일 뭐 하세요? (공항으로 나가다)

3. ¿Qué hace Ud. esta noche? (ver a unos amigos)   당신은 오늘 밤에 뭐 하세요? (친구들을 만나다)

4. ¿Qué hacemos este fin de semana? (pintar la casa)   우리는 이번 주말에 뭐 해? (집을 페인트칠하다)

5. ¿Qué hacéis mañana por la mañana? (estudiar para el examen)
   너희는 내일 오전에 뭐 해? (시험을 위해 공부하다)

Vocabulario

carta (f) 편지
pasear (v) 산책하다
aeropuerto (m) 공항
pintar (v) 그림 그리다, (페인트)칠하다
examen (m) 시험, 조사, 검사

정답 1. Voy a pasear por el parque. 2. Van a salir para el aeropuerto.
3. Voy a ver a unos amigos. 4. Vamos a pintar la casa.
5. Vamos a estudiar para el examen.

Lección 11
¿Puedes salir conmigo esta noche?
오늘 밤 나와 데이트할 수 있니?

중남미를 여행하면서 한 번쯤은 디스코텍에 갈 기회가 있을 것입니다. 열대의 더운 밤, 연인들로 가득 찬 이국적인 카페의 테라스에서 흥겨운 살사리듬을 듣는다면, 평소 춤추는 것을 즐기지 않던 사람이라도 결코 가만히 앉아있진 못할 거예요. 춤을 추고 싶어도 몰라서 못 추었던 분들이라면 이 기회를 적극적으로 이용해서 '남미의 멋'에 흠뻑 취해 보면 어떨지…….

특히 카리브 해 주변의 나라들은 살사, 메렝게 등의 라틴댄스가 생활의 한 부분처럼 녹아 있는 있는 곳들이어서(세 살짜리 아이도 살사음악이 나오면 스텝을 밟는데, 기가 막혀요!) 그들의 삶과 춤은 떼어놓을 수 없지요. 하지만 주말에 아무리 여흥에 취한다 해도 일요일 오후부터는 결코 그런 분위기를 찾아볼 수 없어요. 월요일 근무 태세에 완전히 돌입해서 카페, 바, 디스코텍 등은 언제 그랬냐는 듯이 풍경화 속의 조용한 거리처럼 변해 버리니까요.

Atención

기본 회화

A Sonia, ¿puedes salir conmigo esta noche?

B ¡Qué pena! Es que ya tengo otra cita.

    A 소니아, 오늘 밤 나와 데이트할 수 있겠니?
    B 어떡하지! 벌써 다른 약속이 있거든.

A ¿Puede Ud. bailar Salsa? Es que yo no sé cómo bailar.

B ¡Qué lástima! Yo tampoco sé.

    A 살사를 출 수 있으세요? 전 어떻게 추는지 모르거든요.
    B 유감스럽네요! 저 역시 모른답니다.

Vocabulario

pena [f] 고통, 슬픔
ya [adv] 이미, 벌써, 곧
otra [a] (형용사 otro의 여성형) 다른
cita [f] 약속
bailar [v] 춤추다
Salsa [f] 살사(춤)
cómo [adv] (의문부사) 어떻게
lástima [f] 유감, 슬픔
tampoco [adv] 역시 ~아닌

Gramática
문법

I. 가능성과 허락의 표현 : poder + 동사 원형

자신의 가능성이나 허락함에 대해 말하고 싶다면 동사 poder를 잘 활용하세요. poder에 다른 동사를 동반하면 '~할 수 있다' 또는 '~해도 좋다'라는 표현이 됩니다. 일반적으로는 가능성과 능력을 나타내지만 때에 따라서는 허락이나 허가의 의미도 가진다는 사실을 기억해 두세요.

한 예로 Puedes venir a mi casa.의 뜻을 살펴볼까요?
venir가 '오다'라는 뜻이니까 직역하면 '너는 나의 집에 올 수 있어.'인데, 과연 그런 뜻일까요? 물론 너는 걸어서, 또는 차를 운전해서 올 '능력이 된다'라는 말일 수도 있겠지만, 이 경우는 '우리 집에 와도 좋아.'라는 허가의 의미로 쓰인 문장입니다.

그럼 poder의 동사 변화를 익혀 보도록 합시다.

poder 동사의 현재시제 변화형

	단수		복수	
1인칭	yo	puedo	nosotros/as	podemos
2인칭	tú	puedes	vosotros/as	podéis
3인칭	Ud. / él / ella	puede	Uds. / ellos / ellas	pueden

＊현재시제에서 동사 어간의 [o]가 [ue]로 변하는 불규칙 동사입니다. 즉, yo podo가 아니고 puedo이죠.

　　Ud. puede visitar la oficina.　당신은 사무실을 방문해도 좋다.
　　Uds. pueden ver el Palacio Real por la tarde.　당신들은 오후에 왕궁을 볼 수 있다.

II. ~할 줄 안다 : saber + (의문사) + 동사 원형

이 문형은 보다 기능적인 측면에서 가지고 있는 능력을 표현할 때 쓴다는 의미에서 'poder + 동사 원형'과 구별됩니다. 즉, 나는 '~을 할 줄 안다'는 뜻을 좀 더 강조해서 말할 때 사용할 수 있어요.

saber 동사의 현재시제 변화형

	단수		복수	
1인칭	yo	sé	nosotros/as	sabemos
2인칭	tú	sabes	vosotros/as	sabéis
3인칭	Ud. / él / ella	sabe	Uds. / ellos / ellas	saben

* saber 동사는 현재시제 1인칭 단수일 때만 "Yo sé ~"라고 불규칙으로 변한다는 점에 주의하세요.

Sé tocar el piano. 나는 피아노를 칠 줄 안다.
Ella no sabe **qué hacer.** 그녀는 무엇을 해야 할지 모른다.

III. 부정 동의어 tampoco

상대방의 부정적인 의견에 동의할 때 쓸 수 있는 말입니다. 즉, '나도 ~하지 않아요'라는 의미이지요. 이때 조심해야 할 점은 부정어 No와 함께 쓸 때는 'no ~ tampoco'의 형태가 되고, tampoco가 동사 앞에 오면서 부정 동의문을 만들 때는 No를 쓰지 않는다는 점입니다.

No **trabajo el sábado** tampoco**.** = Tampoco **trabajo el sábado.**
나 역시 토요일에는 일하지 않아요.

스페인어의 이중부정

스페인어에서는 이중부정이 자연스럽게 쓰이는 경우가 많습니다. 중요한 것은 이때 해석을 '강한 부정'으로 한다는 점입니다. 반드시 기억하기 바랍니다. 또한 위에서 설명한 것처럼 어떤 부정어(否定語, Negativos)가 이미 동사 앞에 왔을 때는 굳이 No라는 다른 부정어 없이도 부정문을 만들 수가 있습니다. 영어의 nothing에 해당하는 nada를 쓴 다음 문장을 볼까요?

No **puedo hacer** nada**.** = Nada **puedo hacer.** 난 아무것도 할 수가 없다.
No **sabes** nada **de eso.** = Nada **sabes de eso.** 넌 그것에 대해서는 아무것도 모르는구나.

Diálogos
실전 회화

회화 연습1

A Oiga, ¿puede pasarme el vino, por favor?
B Con mucho gusto. Aquí tiene.
A Umm... Está bastante bueno el vino. ¿De dónde es?
B Es de Chile. Es muy famoso por la calidad. ¿Quiere otro vino?
A No, gracias. Ya no puedo más.

A 여기요, 포도주 좀 건네주시겠어요?
B 물론이죠. 여기 있어요.
A 으음…… 포도주가 상당히 좋군요. 어느 나라 산(産)이지요?
B 칠레산입니다. 품질로 아주 유명한 포도주지요. 한 잔 더 드릴까요?
A 아뇨. 됐습니다. 이젠 더 이상 못 마시겠어요.

회화 연습2

A ¿Qué vas a hacer esta noche?
B Voy a ir al cine.
A ¿Hay alguna película interesante?
B Sí. Una película francesa. ¿Puedes venir conmigo?
A Por supuesto. Si es interesante.
B Vale, de acuerdo.

A 오늘 밤에 뭐 할 거니?
B 영화관에 가려고 해.
A 재미있는 영화라도 있는 거야?
B 응. 프랑스 영화가 하나 있거든. 나와 함께 갈래?
A 물론이지. 재미있기만 하다면.
B 좋아, 그러자.

Vocabulario

회화 연습1
oiga [v] (동사 oir의 접속법 3인칭 단수 현재형) 여기서는 Ud.에 대한 긍정명령. 즉 "들어 보세요"라는 뜻으로 사용하거나 보통 사람을 부를 때 많이 사용.
pasar [v] 건네주다, 지나다
con mucho gusto 기꺼이, 흔쾌히
bastante [adv] 상당히
famoso [a] 유명한
calidad [f] 품질

회화 연습2
alguna [a] (형용사 alguno의 여성형) 어떤
película [f] 영화
francesa [a] (형용사 francés의 여성형) 프랑스의
conmigo [pron] 나와 함께
supuesto [m] 가설, 가정
por supuesto 분명히, 두말할 것 없이
acuerdo [m] 일치, 동의
de acuerdo 알았어, 좋아.

Vamos a escribir
따라 쓰기

회화 연습1

Oiga, ¿puede pasarme el vino, por favor?
여기요, 포도주 좀 건네주시겠어요?

Con mucho gusto. Aquí tiene.
물론이죠. 여기 있어요.

Umm... Está bastante bueno el vino. ¿De dónde es?
으음…… 포도주가 상당히 좋군요. 어느 나라 산(産)이지요?

Es de Chile. Es muy famoso por la calidad. ¿Quiere otro vino?
칠레산입니다. 품질로 아주 유명한 포도주지요. 한 잔 더 드릴까요?

No, gracias. Ya no puedo más.
아뇨. 됐습니다. 이젠 더 이상 못 마시겠어요.

> **회화 연습2**

¿Qué vas a hacer esta noche?
오늘 밤에 뭐 할 거니?

Voy a ir al cine.
영화관에 가려고 해.

¿Hay alguna película interesante?
재미있는 영화라도 있는 거야?

Sí. Una película francesa. ¿Puedes venir conmigo?
응. 프랑스 영화가 하나 있거든. 나와 함께 갈래?

Por supuesto. Si es interesante.
물론이지. 재미있기만 하다면.

Vale, de acuerdo.
좋아, 그러자.

Ejercicios
연습 문제

I. 보기와 같이 질문에 답하세요.

> ¿Qué puede hacer Gabriel? (tocar el piano)   가브리엘은 뭘 할 수 있어요? (피아노를 치다)
> **Gabriel puede tocar el piano.**   가브리엘은 피아노를 칠 수 있어요.

1. ¿Qué puede hacer Ud.? (preparar pizza)   당신은 뭘 할 수 있으세요? (피자를 만들다)

2. ¿Qué puedes hacer? (pintar casas)   너는 뭘 할 수 있니? (집들을 페인트칠하다)

3. ¿Qué pueden hacer Uds.? (componer música)   당신들은 뭘 할 수 있으세요? (음악을 작곡하다)

4. ¿Qué podemos hacer? (bailar flamenco)   우리는 뭘 할 수 있어요? (플라멩코를 추다)

5. ¿Qué podéis hacer? (cuidar niños)   너희는 뭘 할 수 있니? (아이들을 돌보다)

Vocabulario

tocar v 연주하다, 만지다
pintar v 칠하다, 그림 그리다
componer v 만들다, 작곡하다, 구성하다
cuidar v 돌보다

정답 1. Puedo preparar pizza. 2. Puedo pintar casas. 3. Podemos componer música.
4. Podemos (Uds. pueden) bailar flamenco. 5. Podemos cuidar niños.

II. 보기와 같이 괄호 속의 동사를 인칭에 맞게 바꿔 쓰세요.

> Manolo _____ inglés. (estudiar)
> **Manolo estudia inglés.**   마놀로는 영어 공부를 한다.

1. Jaime _____ en el banco. (trabajar)   하이메는 은행에서 일한다.

2. Tú _____ por la calle. (caminar)   넌 거리를 걷는다.

3. Nosotros _____ a la policía. (llamar)   우리는 경찰을 부른다.

4. Yo _____ al profesor. (preguntar)   난 교수님에게 질문한다.

5. Las niñas _____ al paciente. (ayudar)   소녀들은 환자를 돕는다.

Vocabulario

caminar v 걷다
policía f 경찰(조직)
preguntar v 질문하다
ayudar v 돕다
paciente m f 환자

정답 1. trabaja 2. caminas 3. llamamos 4. pregunto 5. ayudan

Aroma de España 스페인의 향기

플라멩코(Flamenco)

스페인의 전통 춤인 플라멩코는 1913년 카르멘 아마야라는 무용수에 의해 세계적으로 알려져 오늘날 스페인을 상징하는 유명한 전통 예술로 인정받고 있습니다. 수백 년에 걸쳐 집시 문화에 토착 문화, 기독교 문화, 아랍 문화가 융화되어 화려하고 즉흥적이며 기교성이 강하다고 할 수 있죠. 음악과 춤에 공통으로 기타 반주가 따르며 춤에는 캐스터네츠도 사용됩니다.

플라멩코는 스페인 어느 곳에서나 볼 수 있는 것은 아닙니다. 전통적인 플라멩코의 고장이라고 할 수 있는 곳이 안달루시아 지방입니다. 이곳 남부에 가면 플라멩코 쇼를 보여주는 클럽이 많이 있답니다. 그러나 대체로 비싸고 사업차 온 관광객들만을 상대로 하는 경우도 있습니다. 남부 지방에서 열리는 여름 축제가 플라멩코를 보고 즐길 수 있는 가장 좋은 기회가 될 것입니다.

Lección 12
Quiero una habitación individual.

싱글 룸 하나를 원합니다.

스페인을 여행할 때 놓쳐선 안 될 것은 고성을 개조한 호텔 Parador(빠라도르)에서의 하룻밤이 아닐까 합니다. 현대식 호텔이야 어느 곳에든 있고, 또 그런 호텔은 시설 면에서 우리나라가 더 잘 되어 있는 것 같으니 굳이 권할 이유가 없지만 Parador는 다르죠. 대부분 전망이 좋은 곳에 위치해 있고, 고색창연한 거실과 방들을 둘러보면 마치 내가 그 성의 주인이라도 된 듯한 착각이 들 정도로 황홀할 거예요.

중남미의 나라들에서는 스페인 식민지시대의 건축 양식으로 지어진 호텔들이 매력적입니다. 자연스럽게 가꾸어진 정원에는 다양한 열대의 꽃들이 흐드러지게 피어 있고, 정원 한가운데에는 퐁퐁 물이 솟아오르는 작은 분수, 그 정원을 중심으로 빙 돌아가며 객실을 배치하여 어느 방에서 나오더라도 바로 정원을 볼 수 있지요. 여행에서 피곤한 몸을 편히 쉬게 할 숙박지를 잘 선정하는 것도 여행의 맛과 멋을 한층 더할 수 있는 방법이니, 아름다운 순간, 추억의 공간에서 행복을 연출해 보는 건 어떨까요? "Siempre feliz..." (늘 행복하길...)라고 되뇌어 보면서 말이에요.

Atención

기본 회화

A Quiero una habitación individual con buena vista.

B Bueno. Primero, su pasaporte, por favor.

> A 전망이 좋은 싱글 룸 하나를 원합니다.
> B 네. 우선 여권을 보여 주세요.

A ¿Quiere una habitación con una o dos camas?

B Quiero con una, pero bastante cómoda.

> A 침대가 하나인 방을 원하세요? 아니면 두 개인 방을 원하세요?
> B 하나인 방이요. 하지만 아주 편안한 방으로요.

Vocabulario

individual [a] 개인의, 개별적인
vista [f] 전망, 시각, 시선
pasaporte [m] 여권
cama [f] 침대
bastante [adv] 상당히, 꽤
cómoda [a] (형용사 cómodo의 여성형) 편안한

Gramática
문법

I. 희망과 부탁의 표현 : querer + 동사 원형

1. 상대방에게 초대나 제안을 할 때의 표현

상대의 희망 사항을 물어 보거나 초대, 또는 제안을 할 때 가장 일반적으로 쓰는 표현입니다. 물론 자기 자신의 희망 사항 또는 원하는 것을 말할 때도 쓸 수 있지요. 간단하게 '동사 querer의 변화형+동사 원형'만 사용하면 수없이 많은 표현을 할 수 있습니다. 예를 들어 "나는 산책하고 싶어"라고 할 때는 동사 querer의 1인칭 단수 yo의 현재형인 quiero에다 '산책하다'라는 동사 pasear를 붙이면 됩니다. 즉, "(Yo) quiero pasear."라고 말이에요. 그럼 querer의 현재시제 동사 변화를 살펴볼까요?

querer 동사의 현재시제 변화형

	단수		복수	
1인칭	yo	**quiero**	nosotros/as	**queremos**
2인칭	tú	**quieres**	vosotros/as	**queréis**
3인칭	Ud. / él / ella	**quiere**	Uds. / ellos / ellas	**quieren**

* 동사 어간의 [e]가 [ie]로 변화는 불규칙 동사입니다. 즉, yo quero가 아니고 quiero로 바뀝니다.

¿**Quiere** usted un poco de agua? 물을 좀 드시겠어요? (제안)
Quiero invitarte una copa. 너에게 술 한 잔 사고 싶은데. (초대)

2. 원하는 것을 표현

다른 동사를 동반하는 대신 그냥 명사를 쓰면 '그 (명사)를 원한다'라는 뜻이 됩니다. 예를 들어 "난 콜라를 원해(마시고 싶어)"라고 할 때는 그냥 "Quiero Coca-Cola." 하면 되지요.

Quiero una rosa. 나는 장미 한 송이를 원해.
Queremos viajar a España. 우리는 스페인에 여행 가고 싶어요.

3. 누군가를 좋아하는 것을 표현(to love)

querer 사람이 직접목적어로 오면 '누군가를 좋아하다' 또는 '누군가를 사랑하다'라는 의미가 됩니다. 이때 그 목적어 앞에 전치사 a를 놓는 것, 잊지 마세요.

Te quiero. 난 널 사랑해.
Quiero mucho a mi familia. 나는 내 가족을 많이 사랑해.
Luis ya no quiere Carmen. 루이스는 이제 카르멘을 좋아하지 않아.

II. 둘 중 하나를 선택할 때 : o

A와 B중 하나를 선택해야 할 때, 영어의 or에 해당하는 말이 스페인어에서는 o입니다.
이때 주의해야 할 점은 접속사 o 다음에 오는 명사가 o로 시작된다면 혼돈을 피하기 위해 o를 u로 바꾸어 사용한다는 것이지요.

¿cine o teatro? 영화 또는 연극?
¿drama u ópera? 드라마 또는 오페라?
¿Quieres té o café? 너는 차 아니면 커피를 원해?
Podemos ir al cine o quedarnos en casa. 우리는 영화관에 가거나 집에 머물 수 있어.
Escribes con bolígrafo o lápiz. 너는 볼펜이나 연필로 쓴다.

Diálogos
실전 회화

회화 연습1

A   Buenas noches. ¿Qué desea?
B   Quiero una habitación con dos camas.
A   ¿Cuánto tiempo va a quedarse?
B   Tres noches.

A 안녕하세요. 뭘 원하십니까?
B 침대가 두 개인 방 하나를 원합니다.
A 얼마 동안 머무르실 건가요?
B 3박을 하려고 해요.

회화 연습2

A   ¿Quieres cenar fuera de casa esta noche?
B   Vale, muy bien. ¿A qué restaurante vamos?
A   A un restaurante italiano. Cerca de la plaza.
B   De acuerdo. Quiero comer pasta.

A 오늘 밤 외식하고 싶니?
B 아주 좋지. 어떤 식당으로 갈까?
A 이탈리아 식당에 가자. 광장 근처에 있어.
B 좋아. 난 파스타를 먹고 싶어.

Vocabulario

회화 연습1
quedarse [v] (동사 quedar의 재귀동사 형태) 머물다

회화 연습2
fuera [adv] 바깥에
italiano [a] 이탈리아의

plaza [f] 광장
pasta [f] 파스타(이탈리아 국수의 일종)

Vamos a escribir
따라 쓰기

회화 연습1

Buenas noches. ¿Qué desea?
안녕하세요. 뭘 원하십니까?

Quiero una habitación con dos camas.
침대가 두 개인 방 하나를 원합니다.

¿Cuánto tiempo va a quedarse?
얼마 동안 머무르실 건가요?

Tres noches.
3박을 하려고 해요.

회화 연습2

¿Quieres cenar fuera de casa esta noche?
오늘 밤 외식하고 싶니?

Vale, muy bien. ¿A qué restaurante vamos?
아주 좋지. 어떤 식당으로 갈까?

A un restaurante italiano. Cerca de la plaza.
이탈리아 식당에 가자. 광장 근처에 있어.

De acuerdo. Quiero comer pasta.
좋아. 난 파스타를 먹고 싶어.

Ejercicios
연습 문제

I. 보기와 같이 질문에 답하세요.

> **¿Qué quieres hacer? (salir contigo)** 넌 뭘 하고 싶니? (너와 사귀다)
> **Quiero salir contigo.** 난 너와 사귀고 싶어.

1. ¿Qué quiere hacer Ud.? (ir a la playa)   당신은 뭘 하고 싶으세요? (해변으로 가다)

2. ¿Qué quieren hacer los niños? (jugar a las cartas)   아이들은 뭘 하고 싶어 해요? (카드 놀이를 하다)

3. ¿Qué queréis hacer? (hacer la foto)   너희는 뭘 하고 싶니? (사진을 찍다)

4. ¿Qué quieres hacer? (visitar el museo)   넌 뭘 하고 싶니? (박물관을 방문하다)

5. ¿Qué quiere hacer ella? (aprender inglés)   그녀는 뭘 하고 싶어 해요? (영어를 배우다)

Vocabulario

contigo [pron] 너와 함께
jugar [v] 놀다, (경기나 게임을) 하다
carta [f] 카드, 트럼프, 편지
hacer [v] 하다, 만들다
foto [f] 사진
visitar [v] 방문하다
museo [m] 박물관
aprender [v] 배우다
inglés [m] 영어, 영국인

정답 1. Quiero ir a la playa. 2. Quieren jugar a las cartas. 3. Queremos hacer la foto.
4. Quiero visitar el museo. 5. Quiere aprender inglés.

II. 그림을 보고 질문에 맞는 답을 고르세요.

1. ¿Qué desea Ud.?   당신은 뭘 원하세요?
   _____, por favor.

2. ¿Qué desea Ud.?   당신은 뭘 원하세요?
   _____, por favor.

3. ¿Qué desea Ud.?   당신은 뭘 원하세요?
   _____, por favor.

4. ¿Qué desea Ud.?   당신은 뭘 원하세요?
   _____, por favor.

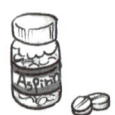
5. ¿Qué desea Ud.?   당신은 뭘 원하세요?
   _____, por favor.

A. **Quiero un diccionario de español** 저는 스페인어 사전 한 권을 원해요.
B. **Quiero un café con leche** 저는 밀크커피 한 잔을 원해요.
C. **Quiero un kilo de naranjas** 저는 오렌지 1킬로를 원해요.
D. **Quiero unas pastillas de aspirina** 저는 아스피린 알약들을 원해요.
E. **Quiero una habitación individual** 저는 싱글 룸 하나를 원해요.

Vocabulario

diccionario ⓜ 사전
naranja ⓕ 오렌지
pastilla ⓕ 알약, 정
aspirina ⓕ 아스피린

정답 1. B   2. C   3. E   4. A   5. D

III. 보기와 같이 질문에 답하세요.

> ¿Quieres comprar unas gafas de sol?(Sí / hace mucho sol) 넌 선글라스를 사고 싶니?
> Sí, quiero unas gafas de sol porque hace mucho sol. 응, 햇빛이 강해서 선글라스를 사고 싶어.

1. ¿Quieres comprar los zapatos? (Sí / ya están viejos.)   넌 구두를 사고 싶니?

2. ¿Quiere Ud. comprar una lámpara? (No / hay muchas en casa.)
   당신은 램프를 사고 싶으세요?

3. ¿Quiere Luis comprar el mapa de España? (Sí / va a viajar por allí.)
   루이스는 스페인 지도를 사고 싶어 하니?

4. ¿Quieren ellos comprar un armario? (No / no hay espacio en la habitación)
   그들은 옷장을 사고 싶어 하니?

5. ¿Quieren Uds. comprar un cigarrillo? (No / tenemos tos)   당신들은 담배를 사고 싶으세요?

Vocabulario

comprar v 사다, 구입하다	**ya** adv 이미, 벌써	**armario** m 옷장
gafas f pl 안경테	**viejo** a 낡은, 오래된	**espacio** m 공간
gafas de sol 선글라스, 색안경	**lámpara** f 램프, 스탠드	**cigarrillo** m 담배
zapato m (주로 복수로 사용) 구두	**mapa** m 지도	**tos** f 기침

정답
1. Sí, quiero comprar los zapatos porque ya están viejos.
2. No, no quiero comprar una lámpara porque hay muchas en casa.
3. Sí, Luis quiere comprar el mapa de España porque va a viajar por allí.
4. No, no quieren comprar un armario porque no hay espacio en la habitación.
5. No, no queremos comprar un cigarrillo porque tenemos tos.

Lección 13

¿De quién es este cuadro?

이 그림은 누구의 것입니까?

우리가 알고 있는 위대한, 혹은 유명한 예술가와 연예인들 가운데 스페인과 라틴 아메리카 출신이 매우 많다는 사실을 아시나요? 세계 3대 테너 중 두 사람인 Placido Domingo와 José Carreras, 바르셀로나의 La Sagrada Familia(성가족 성당)을 건축한 Gaudí, 세계적인 화가 Picasso, Juan Miro, Goya, Salvador Dalí, Velázquez, 팝가수 Julio Iglesias, Ricky Martin, Gloria Estefan, 소설가 Gabriel García Márquez, 콜롬비아의 조각가이자 화가 Fernando Botero, 멕시코의 화가 Diego Rivera와 Frida Kahlo.

이 밖에도 아직 우리에게 알려지지 않은 뛰어난 인물이 무수히 많지요. 다행히 최근 들어 라틴 아메리카의 음악, 춤, 그리고 음식이 우리에게 많이 소개되고 있어 그들을 이해할 수 있는 기회가 점점 넓어지고 있는 것 같습니다. 스페인어만 잘하겠다는 생각보다는 그 세계를 이해하려는 마음을 가져야 언어도 더 잘할 수 있다는 단순한 사실을 잊지 마시길 바랍니다.

Atención

기본 회화

A ¿De quién es este cuadro de Picasso?

B Es de mi profesor.

> **A** 이 피카소 그림은 누구의 것입니까?
> **B** 제 교수님의 것입니다.

A ¿Cuál es la obra de Goya, la pequeña o la grande?

B La grande es de Goya.

> **A** 고야의 작품은 어떤 것이죠? 작은 것인가요, 아니면 큰 것인가요?
> **B** 큰 것이 고야의 작품입니다.

Vocabulario

cuadro (m) 그림
profesor (m) 교수
obra (f) 작품, 공사

pequeña (a) (형용사 pequeño의 여성형) 작은
grande (a) 기대한, 큰

Gramática

문법

I. 소유형용사

소유형용사는 놓이는 위치에 따라 전치형과 후치형으로 나뉩니다.
둘 중 더 많이 쓰이는 형태는 전치형으로, 형용사를 명사 앞에 놓는 경우를 말하지요. 그에 비해 후치형은 명사 뒤에 형용사를 놓는 경우로서, 주로 명사 앞에 관사, 지시형용사, 수형용사 등이 와서 어쩔 수 없이 소유형용사가 뒤로 가게 될 때 쓰는 형태를 말합니다.

		전치형		후치형			
		단수	복수	남성 단수	남성 복수	여성 단수	여성 복수
단수	1	mi	mis	mío	míos	mía	mías
	2	tu	tus	tuyo	tuyos	tuya	tuyas
	3	su	sus	suyo	suyos	suya	suyas
복수	1	nuestro/a	nuestros/as	nuestro	nuestros	nuestra	nuestras
	2	vuestro/a	vuestros/as	vuestro	vuestros	vuestra	vuestras
	3	su	sus	suyo	suyos	suya	suyas

주의해야 할 점은 아래와 같습니다.
1) 전치형은 남성형과 여성형의 구분이 없다. (복수 1·2 인칭은 예외)
2) 후치형의 성·수 구분은 동반하는 명사의 성·수에 따라야 한다.
3) 복수 1·2 인칭은 전치형과 후치형이 같다.

전치형과 후치형의 예를 들어 보면 다음과 같습니다.

전치형의 예

    mi computadora　나의 컴퓨터
    tus padres　너의 부모님
    nuestra casa　우리의 집
    nuestros libros　우리의 책들

후치형의 예

    el amigo mío   나의 그 친구
    estos zapatos tuyos   너의 이 신발들
    dos camas nuestras   우리의 침대 두 개

II. 형용사의 명사적 용법 : 관사/지시어 + 형용사

말 그대로 형용사가 명사의 역할을 하는 경우를 말합니다. 관사(정관사, 부정관사) 또는 지시어가 형용사와 결합한 형태입니다.

    Hay dos camisas. La blanca es mía y la roja es tuya.
    셔츠가 두 벌 있다. 흰 것은 내 것이고 빨간 것은 네 것이다.

여기서 la blanca는 la camisa blanca의 줄임말로, '흰 것', 즉 흰 셔츠를 의미합니다. 셔츠가 la camisa로 여성명사이기 때문에 la blanca라고 여성형으로 받고 있지요.
만일 '이 흰 것은 내 것이고, 저 빨간 것은 네 것이다' 라고 말하려면 "Esta blanca es mía y aquella roja es tuya." 가 되겠죠?

III. 숫자 (1)

1	uno	6	seis
2	dos	7	siete
3	tres	8	ocho
4	cuatro	9	nueve
5	cinco	10	diez

Diálogos

실전 회화

회화 연습1

A ¿Tiene hijos?
B Sí, tengo un hijo.
A ¿Cuántos años tiene su hijo?
B Tiene siete años.

A 자녀가 있으신가요?
B 네, 아들이 하나 있어요.
A 아드님은 몇 살이죠?
B 7살이에요.

회화 연습2

A Oye, ¿de quién es esta chaqueta?
B Es de Diana. Es bonita, ¿no?
A Sí. Además, es muy elegante.
B Pero la tuya también me parece preciosa.

A 얘, 이 재킷 누구 거니?
B 디아나의 재킷이야. 예쁘지 않니?
A 그래, 예뻐. 게다가 무척 우아해 보여.
B 하지만 네 것 역시 멋진걸.

Vocabulario

회화 연습1
cuánto 몇 개의, 얼마만큼의
año (m) 해, 년(年)

회화 연습2
chaqueta (f) 재킷
bonita (a) (형용사 bonito의 여성형) 예쁜
además (adv) 게다가, 뿐만 아니라
elegante (a) 우아한

parece (v) (동사 parecer의 3인칭 단수 현재형) ~인 것 같다
preciosa (a) (형용사 precioso의 여성형) 멋진, 귀한

Vamos a escribir
따라 쓰기

회화 연습1

¿Tiene hijos?
자녀가 있으신가요?

Sí, tengo un hijo.
네, 아들이 하나 있어요.

¿Cuántos años tiene su hijo?
아드님은 몇 살이죠?

Tiene siete años.
7살이에요.

> **회화 연습2**

Oye, ¿de quién es esta chaqueta?
얘, 이 재킷 누구 거니?

Es de Diana. Es bonita, ¿no?
디아나의 재킷이야. 예쁘지 않니?

Sí. Además, es muy elegante.
그래, 예뻐. 게다가 무척 우아해 보여.

Pero la tuya también me parece preciosa.
하지만 네 것 역시 멋진걸.

Ejercicios
연습 문제

I. 보기와 같이 주어진 문장을 소유형용사를 사용하여 바꿔 쓰세요.

> **Mauro tiene un piso muy bonito.** 마우로는 매우 예쁜 아파트를 가지고 있다.
> → **Su piso es muy bonito.** 그의 아파트는 매우 예쁘다.

1. Nosotros tenemos un jardín muy hermoso. 우리는 매우 아름다운 정원을 가지고 있다.
→ _____

2. Ud. tiene una hija muy inteligente. 당신에게는 매우 똑똑한 딸이 있다.
→ _____

3. Yo tengo una computadora muy moderna. 나는 매우 최신식 컴퓨터를 가지고 있다.
→ _____

4. Tú tienes una madre muy generosa. 너에게는 매우 관대한 어머니가 계시다.
→ _____

5. Ellos tienen una nevera muy antigua. 그들은 매우 낡은 냉장고를 가지고 있다.
→ _____

Vocabulario

piso (m) 아파트, 층, 계단
hermoso (a) 아름다운
inteligente (a) 지적인, 똑똑한
computadora (f) 컴퓨터
madre (f) 어머니
generosa (a) (형용사 generoso의 여성형) 관대한, 너그러운
nevera (f) 냉장고
antigua (a) (형용사 antiguo의 여성형) 옛날의, 낡은

정답
1. Nuestro jardín es muy hermoso. 2. Su hija es muy inteligente.
3. Mi computadora es muy moderna. 4. Tu madre es muy generosa.
5. Su nevera es muy antigua.

II. 보기와 같이 질문에 대해 적당한 소유대명사를 써서 답하세요.

> ¿De quién es esta novela? (yo)   이 소설은 누구의 것이에요?
> **Esta novela es mía.**   이 소설은 저의 것이에요.

1. ¿De quién es este vaso? (tú)   이 컵은 누구의 것이에요?

2. ¿De quién es esta bicicleta? (nosotros)   이 자전거는 누구의 것이에요?

3. ¿De quién es este paraguas? (vosotros)   이 우산은 누구의 것이에요?

4. ¿De quién son estas fotos? (yo)   이 사진들은 누구의 것이에요?

5. ¿De quién es este teléfono móvil? (él)   이 휴대 전화는 누구의 것이에요?

Vocabulario

novela f 소설
vaso m 컵
paraguas m pl (단수·복수 동형) 우산
móvil a 움직이는

정답 1. Este vaso es tuyo. 2. Esta bicicleta es nuestra. 3. Este paraguas es vuestro.
       4. Estas fotos son mías. 5. Este teléfono móvil es suyo.

Aroma de España 스페인의 향기

발렌시아(Valencia)

스페인에서 세 번째로 큰 도시이며 발렌시아 지방의 수도인 이곳은 상큼함이 매력인 도시입니다. 파에야(paella)와 최후의 만찬에 사용된 술잔인 성배가 유래한 곳으로 유명하고, 날씨도 무척 좋지만 역시 빼놓을 수 없는 것은 스페인에서 가장 흥겨운 축제로 꼽히는 3월의 Las Fallas입니다.

발렌시아에서 가장 관광객들의 관심을 끄는 곳은 바로크풍 궁전인 Palacio de Marqués de Dos Aguas로, 내부와 외부 모두 화려하고 아름다운 조각들로 꾸며져 있습니다. 궁전 안에 도자기 박물관(Museo de Nacional de Cerámica)이 있는데 장대하고 인상적인 도예품들이 많이 전시되어 있습니다. Museo de Bellas Artes는 프라도와 빌바오 박물관 다음가는 유명한 곳으로, El Greco, Goya, Velázquez 등 수많은 발렌시아 인상주의 화가들의 작품이 전시되어 있습니다. 또 현대미술회관(IVAM)에는 20세기 스페인 인상주의의 작품들이 소장되어 있습니다. 탑꼭대기에 오르면 볼 수 있는 발렌시아 성당도 놓치기 아까운 관광 명소 중 하나입니다.

↑ Las Meninas, 시녀들 - Velázquez

Lección 14
Tienes que llegar a tiempo a la conferencia.
너는 제시간에 강연회에 도착해야 해.

스페인어권의 나라를 방문할 계획이 있다면, 그리고 시간적인 여유가 있다면, 어학 코스를 밟아 보면 어떨까요. 다른 나라 학생들과 접할 수 있는 기회가 생겨서 좋고, 각자 수준에 맞는 그룹을 배정받으므로 의사소통도 훨씬 수월하구요. (스페인어가 안 되면 영어로 하고, 그것도 안 되면 세계 공용어 Body Language를 쓰면 되니까) 언어를 해야 그 문화를 제대로 알 수 가 있어요. 언어를 알지 못한 채 하는 여행은 급히 하는 여행사의 단체 패키지여행처럼, 쇼윈도만 구경하고 실제로 가게에 들어가 물건은 만져보지도 못한 채 끝나는 것과 같지요. 직접 체험하는 여행, 그것이야말로 인생에 있어 소중한 재산이 될 것입니다.

Atención

기본 회화

A Tienes que llegar a tiempo a la conferencia. ¿De acuerdo?

B Vale, al terminar el trabajo, salgo para allá.

  A 너는 제시간에 강연회에 도착해야 해. 알겠지?
  B 알았어, 일이 끝나자마자 그곳으로 출발할게.

A ¿Qué tienen que hacer para tomar la clase de español?

B Primero, tienen que rellenar este formulario.

  A 스페인어 수업을 들으려면 무엇을 해야 하지요?
  B 먼저, 이 서식을 작성해야 합니다.

Vocabulario

llegar v 도착하다
tiempo m 시간, 계절
a tiempo 제시간에, 시간에 맞춰
conferencia f 강연회
terminar v 끝내다

trabajo m 일, 작업, 공부
salgo v (동사 salir의 1인칭 단수 현재형) 나가다, 출발하다
allá adv 저쪽으로, 그곳에
clase f 수업, 학급, 등급

primero adv 우선, 먼저 a 첫 번째의, 제일의
rellenar v 기입하다, 채워넣다
formulario m 서류, 서식

Gramática
문법

I. 의무와 당위성의 표현 : tener que + 동사 원형

이 표현은 매우 유용하게 쓰이는 주요 기본 문형 중 하나로, 뜻은 '~해야 한다'입니다. 영어의 have to의 용법과 비슷하다고 할 수 있어요. 개인적인 의무를 나타내는 표현으로 또 다른 것은 'deber + 동사 원형'이 있습니다.

Tengo que salir ahora mismo. 나는 지금 당장 나가야 한다.
Tienes que limpiar el coche. 너는 자동차를 청소해야 한다.
Tenemos que buscar un apartamento. 우리는 아파트를 구해야 한다.
Ud. debe tomar la medicina. 당신은 약을 먹어야 합니다.

그럼 no가 들어간 부정문 'no tener que + 동사 원형'은 어떤 의미가 될까요?
'~해서는 안 된다'는 의미도 물론 있지만 '~할 필요가 없다'라는 의미로 더 많이 쓰이므로 기억해 두시기 바랍니다.

No tienes que preparar la comida. 너는 식사를 준비할 필요가 없다.
Ud. no tiene que preocuparse por nada. 당신은 어떤 것에 대해서도 걱정할 필요가 없습니다.

II. 무인칭 표현 : 동사의 3인칭 복수형

스페인어의 특징 중 하나가 바로 '무인칭' 표현입니다. 말 그대로 특정 인칭을 주어로 하지 않고 막연한 '일반인'들을 의미하는 표현으로, 의도적으로 주어를 말하고 싶지 않거나, 실제로 주어를 모를 경우에 쓸 수 있습니다. 사용 방법은 주어 없이 동사의 3인칭 복수형을 그냥 쓰는 것입니다.

Dicen que mañana va a llover. (사람들이) 내일 비가 온다고들 하네요.
Piensan que la fruta es buena para la salud. 과일은 건강에 좋다고들 생각합니다.

III. 순간 또는 찰나적인 표현 : al + 동사 원형

긴 문장을 간단하게 줄이는 가장 효과적인 방법 중 하나는 바로 전치사를 이용하는 것입니다. 이 표현이 바로 그런 경우에 해당되는데, '~했을 때(cuando)' 또는 '~하자마자(en cuanto)'라는 말을 아주 짧게 표현할 수 있게 해 줍니다.

Al llegar a Los Angeles, te llamo. 로스앤젤레스에 도착했을 때 네게 전화할게.
(Cuando llegues a Los Angeles)

Al terminar la tarea, vamos a ver la tele. 숙제를 끝내자마자 우리는 TV를 볼 거예요.
(En cuanto terminemos la terea)

IV. Si가 이끄는 조건문

현실적으로 가능한 일 또는 비현실적인 것을 가정해 볼 때 사용하는 표현으로서, 'Si + 문장'의 형태를 취합니다.

1) 현실 가능한 표현 : Si가 이끄는 조건절을 직설법으로 표현합니다.
   Si tienes tiempo, podemos ir al cine juntos. 네가 만일 시간이 있으면, 우리 같이 영화 보러 갈 수 있어.
   Si ella viene ahora, la espero en casa. 만일 그녀가 지금 온다면, 나는 그녀를 집에서 기다릴게.

2) 현실 불가능한 표현 : Si가 이끄는 조건절을 접속법으로 표현합니다.
   Si yo fuera tú, no me casaría con él. 내가 만일 너라면, 나는 그와 결혼하지 않을 텐데.

＊ 여기서 fuera는 동사 'ser(~이다)'의 접속법 과거 1인칭 단수형으로 yo soy가 변해서 yo fuera가 된 것입니다. 즉 직설법으로 현실적인 내용을 말할 때는 "Yo soy~(나는 ~이다)"라고 하지만, 비현실적이고 가상의 내용으로 '내가 ~이라면'의 식으로 말할 때는 접속법 과거형인 "Yo fuera~"로 표현합니다.

Diálogos
실전 회화

회화 연습1

A Marisol, tienes que llevar el paraguas. Dicen que llueve esta tarde.
B Pero, papá, ahora el tiempo está muy bueno, ¿verdad?
A Pues sí. ¿Pero si no lo llevas, y llueve…?
B Vale, vale. ¿Dónde está el paraguas?

A 마리솔, 우산을 챙겨 가야 해. 오늘 오후에 비가 온다고 하더라.
B 하지만, 아빠, 지금은 날씨가 굉장히 좋은데, 안 그래요?
A 그렇긴 해. 하지만 만약 네가 우산을 안 가지고 갔는데 비가 오면… …?
B 오케이, 알았어요. 우산 어디 있어요?

회화 연습2

A Vamos a viajar a Granada este fin de semana.
B Entonces, tienen que reservar el hotel. Siempre hay muchos turistas el fin de semana.
A Por supuesto. Ya tenemos la reservación.
B Muy bien. ¡Que tengan buen viaje!

A 우리는 이번 주말에 그라나다로 여행 갈 거예요.
B 그렇다면 호텔을 예약해야 해요. 주말에는 늘 관광객이 많거든요.
A 물론이죠. 벌써 예약을 해 뒀어요.
B 아주 잘했군요. 좋은 여행이 되길!

Vocabulario

회화 연습1
llevar v 가지고 가다, 지니다
paraguas m (단수-복수 동형) 우산
dicen v (동사 decir의 3인칭 복수 현재형) 말하다
llueve v (동사 llover의 3인칭 단수 현재형) 비가 오다
pues sí 물론, 그래

회화 연습2
viajar v 여행하다
viaje m 여행
reservar v 예약하다
reservación f 예약

siempre adv 언제나, 늘, 항상
turista m f 관광객
tengan v (동사 tener의 접속법 현재 3인칭 복수 변화형) 가지다, 소유하다
¡Que tengan buen viaje! 좋은 여행 되세요! / 간단히 "¡Buen viaje!"라고도 많이 쓴다.

Vamos a escribir
따라 쓰기

> 회화 연습1

Marisol, tienes que llevar el paraguas. Dicen que llueve esta tarde.
마리솔, 우산을 챙겨 가야 해. 오늘 오후에 비가 온다고 하더라.

Pero, papá, ahora el tiempo está muy bueno, ¿verdad?
하지만, 아빠, 지금은 날씨가 굉장히 좋은데, 안 그래요?

Pues sí. ¿Pero si no lo llevas, y llueve…?
그렇긴 해. 하지만 만약 네가 우산을 안 가지고 갔는데 비가 오면……?

Vale, vale. ¿Dónde está el paraguas?
오케이, 알았어요. 우산 어디 있어요?

회화 연습2

Vamos a viajar a Granada este fin de semana.
우리는 이번 주말에 그라나다로 여행 갈 거예요.

Entonces, tienen que reservar el hotel. Siempre hay muchos turistas el fin de semana.
그렇다면 호텔을 예약해야 해요. 주말에는 늘 관광객이 많거든요.

Por supuesto. Ya tenemos la reservación.
물론이죠. 벌써 예약을 해 뒀어요.

Muy bien. ¡Que tengan buen viaje!
아주 잘했군요. 좋은 여행이 되길!

Ejercicios
연습 문제

I. 다음의 문장들을 서로 알맞게 연결하세요.

1. **Ella está enferma.** 그녀는 아파요.

2. **No hay comida en mi casa.** 나의 집에 음식이 없어.

3. **Hace mucho calor en tu habitación.** 네 방은 너무 더워.

4. **La leche de su nevera está pasada.** 당신의 냉장고에 있는 우유는 상했어요.

5. **Nuestro coche está roto.** 우리의 자동차는 고장 났어.

    A. **Tienes que abrir la ventana.** 넌 창문을 열어야 해.
    B. **Tenemos que llevar el coche al taller.** 우리는 자동차를 정비소로 가져가야 해.
    C. **Tiene que tirar la leche.** 당신은 우유를 버려야 해요.
    D. **Tengo que ir al supermercado.** 난 슈퍼마켓에 가야 해.
    E. **Tiene que ir al médico.** 그녀는 병원에 가야 해요.

Vocabulario

enferma (a) (형용사 enfermo의 여성형)
아픈, 병든
calor (m) 열, 더위
pasada (a) (형용사 pasado의 여성형)

지나간, 부패한
roto (a) (동사 romper의 과거분사형)
깨진, 고장 난
abrir (v) 열다, 개시하다

ventana (f) 창, 창문
taller (m) 공장, 작업장
tIrar (v) 버리다, 던지다

정답 1. E 2. D 3. A 4. C 5. B

II. Marta의 한 주간 계획표입니다. 매일 그녀가 해야 할 일을 적어 보세요.

> **El lunes tiene que …** 월요일에는 …을 해야 한다.

el lunes 월요일	el martes 화요일	el miércoles 수요일	el jueves 목요일	el viernes 금요일
participar en un seminario 세미나에 참여하다	lavar ropa 옷을 세탁하다	ir al banco 은행에 가다	ver al profesor a las 10 a.m. 오전 10시에 교수님을 만나다	ir de compras al supermercado 슈퍼마켓에 장 보러 가다

1. El lunes _____

2. El martes _____

3. El miércoles _____

4. El jueves _____

5. El viernes _____

Vocabulario

- lunes (m) 월요일
- martes (m) 화요일
- miércoles (m) 수요일
- jueves (m) 목요일
- viernes (m) 금요일
- participar (v) 참여하다
- seminario (m) 세미나
- lavar (v) 씻다
- ropa (f) 옷, 의류

정답 1. tiene que participar en un seminario. 2. tiene que lavar ropa.
3. tiene que ir al banco. 4. tiene que ver al profesor a las diez de la mañana.
5. tiene que ir de compras al supermercado.

Aroma de España 스페인의 향기

⟨Y te vas⟩
José Luis Perales

Yo te di	나 너에게 모든걸 주었네
te di mi sonrisa	나의 미소와
mis horas de amor	사랑으로 가득 찼던 시간들
mis días de sol	태양처럼 빛나던 시절
mi cielo de abril	아름다운 4월의 그 하늘까지도
Te di mi calor, mi flor	네게 나의 정열과 내 마음의 꽃
te di mi dolor	내 아픔,
te di mi verdad	그리고 나의 진실
y yo te di lo que fui	내 모두를 주었지.
Te ofrecí	나 너에게
la piel de mis manos	모든 걸 바쳤네
mi tiempo mejor	내 가장 좋았던 때
mi humilde rincón	내 소박한 보금자리
mis noches sin ti	너 없이 지새운 밤들
mi vida y mi libertad	내 인생과 나의 자유
y un poco de amor	그리고 작은 사랑도 함께.
Lo poco que fui, mi amor	보잘것없이 작았던 나.
y lo poco que fui	그렇게 초라했던 내 모든 것을.
Y tú te vas	이제 너는 떠나가고
que seas feliz	진정으로 행복하기를…
Te olvidarás de lo que fui	너는 잊어 가겠지. 지금까지의 나를.
y yo en mi ventana	그리고 난 나의 창가에서
veré la mañana vestirse de gris	빛 바랜 추억의 회색빛 아침을 맞이하겠지.
Y yo te di	그리고 나 너에게 주었지.
la luz de mis ojos	내 눈 속에 간직했던 그 정열과
mis horas de miel	나의 행복했던 시절
mi llanto de ayer, respiración	지난날의 눈물, 숨결까지도.
la luz de mi amanecer	어둠을 거두던 새벽의 여명
mi leña y mi hogar	가슴 속 사랑의 불씨와 따스함
el canto de mi gorrión	나의 작은 새가 들려 주던 노래
y un poco de pan	그리고 소박한 빵 한 덩어리

Lección 15

¡Hace mucho calor hoy!

오늘 날씨가 무척 덥군요!

사람들이 만났을 때, 대화를 시작하기 위해 가장 먼저 거내는 주제 중의 하나가 바로 날씨입니다. "¡Qué calor hace hoy!" (오늘 진짜 덥다!)부터 "¡Uff! ¡Qué frío!" (아휴, 추워!)까지.

스페인은 사계절이 있다고는 하지만 실제로 봄, 가을은 극히 짧아 있는지 없는지 모를 정도이지요. 거기에 비해 중남미의 기후는 정말 변화무쌍 그 자체입니다. 적도에 가까운 나라들이 많아 대체로 열대 기후를 나타내지만, 멕시코의 수도 La Ciudad de México, 콜롬비아의 수도 Bogotá처럼 고산지역에 자리잡고 있는 도시들은 밤과 낮의 기온 차가 제법 심해요. 열대지방 간다고 짧은 소매와 반바지만 가져갔다간 감기 걸리기 딱 좋지요. 방금 전까지 햇볕이 쨍쨍했는데 갑자기 소나기에 때로는 우박까지… …. 재미있는 건 그곳 사람들은 우산을 거의 사용하지 않는다는 거예요. 이렇게 비가 오지만 금방 또 햇볕이 나올 걸 알기 때문일까요? 그런 느긋한 사람들에게 "¡Rápido, rápido!" (빨리, 빨리!)를 외쳐 본들 헛수고란 것, 아시겠지요?

Atención

기본 회화

A Hace mucho calor hoy, ¿verdad?

B ¡Hombre, claro! Ya estamos en verano.

 A 오늘 날씨가 무척 덥군요, 그렇죠?
 B 아, 물론이죠! 이제 여름인걸요.

A En otoño, ¿qué tiempo hace en Seúl?

B Hace un poco fresco. Pero generalmente el tiempo es muy bueno.

 A 가을에는 서울의 날씨가 어때요?
 B 조금 선선하지요. 하지만 전반적으로 날씨가 아주 좋아요.

Vocabulario

hace [v] (동사 hacer의 3인칭 단수 현재형) 하다, 만들다 / 여기서는 날씨를 나타내는 동사 hacer의 특수용법으로 쓰임.
calor [m] 더위
verdad [f] 사실, 진실 / 여기서는 부가의문문으로 "그렇지요?"라는 의미.

hombre [m] 사람, 남자 / 여기서는 일종의 감탄어.
tiempo [m] 시간, 날씨, 기후
fresco [a] 시원한, 선선한
primavera [f] 봄

verano [m] 여름
otoño [m] 가을
invierno [m] 겨울

Gramática
문법

I. 날씨를 표현하는 동사 hacer

원래 동사 hacer는 '하다, 만들다'란 뜻인데, 3인칭 단수형(hace)을 가지고 날씨를 나타낼 수 있습니다. 스페인어에서 시간, 요일, 날씨 등은 주어 없이 써야 하는 문장들이 있습니다. 예를 들어, 시간의 경우 "나는 ○시다", "너는 ○시다" 이런 말은 있을 수 없을 테니까요. 물론 시제는 과거, 현재, 미래 모두 가능합니다.

그럼, 날씨를 나타내는 문장들을 살펴볼까요?

	agradable.		온화하네요.
	sol.		햇살이 좋군요.
	calor.		덥군요.
Hoy hace	**fresco.**	오늘은 (날씨가)	선선하네요.
	viento.		바람이 부네요.
	frío.		춥군요.
	bueno. / buen tiempo.		좋군요.
	malo. / mal tiempo.		나쁘군요.

'비가 온다' 또는 '눈이 온다' 등의 표현은 동사 llover(비가 오다)와 nevar(눈이 오다)를 사용해 표현할 수 있습니다. 둘 다 현재 시제에서 불규칙 변화를 하며, 3인칭 단수로만 쓰입니다.

Hoy llueve mucho. 오늘은 비가 많이 오네요.
Mañana va a nevar. 내일은 눈이 올 거예요.
Está nublado. 구름이 끼었네요.

＊llover의 현재 3인칭 단수 : llueve
　nevar의 현재 3인칭 단수 : nieva

II. Mucho와 Muy

'매우, 많이'라는 뜻으로 쓰이는 이 두 단어는 언뜻 보기에는 비슷한 것 같지만 용법이 다르니 주의하길 바랍니다. 차이점만 분명히 안다면 혼동할 이유가 없겠지요.

muy : 부사로만 사용되며, 주로 형용사, 부사를 수식한다. (복수형 없음)
mucho : 부사로 사용될 때 동사를 수식한다. (복수형 없음)
　　　　　형용사로 사용될 때 명사를 수식한다. (복수형 있음)

Aquí hace mucho calor.　(형용사로서 명사 calor를 수식)
이곳은 매우 덥군요.

Aquí el clima es muy caluroso.　(부사로서 형용사 caluroso를 수식)
이곳은 기후가 매우 덥군요.

III. 나이에 대해 말하기

나이를 묻는 표현을 먼저 알아볼까요?

¿Cuántos años tiene Ud.?　나이가 몇이세요?
Tengo treinta y seis años.　서른 여섯 살입니다.

어떤 연령대나 '그 나이에'라고 말할 때는 전치사 a를 쓰세요.

a los catorce años　열네 살에
a los veinte años　스무 살에
A los veinte años, Botero estudiaba arte en España.
보테로는 스무 살에 스페인에서 미술을 공부하고 있었다.

Diálogos
실전 회화

회화 연습1

A ¿Qué tiempo hace en España en verano?
B Depende del lugar. En el norte, generalmente hace bueno y a veces llueve.
En cambio, en el sur hace mucho calor.
A Y en Madrid, ¿no hace mucho frío en invierno?
B Pues ... sí, hace frío. Pero no tanto.

A 스페인은 여름에 날씨가 어때요?
B 지역에 따라 달라요. 북쪽은 대개 날씨가 좋고 가끔 비가 오죠.
반면에 남쪽은 무척 더워요.
A 그러면 마드리드는 겨울에 많이 춥지 않아요?
B 글쎄요……. 네, 춥지요. 하지만 그렇게 많이 춥지는 않아요.

회화 연습2

A ¡Qué calor! Angélica, ¿no vamos a bañarnos?
B No, ahora no. Dentro de media hora.
Es que necesito descansar un poco más.
A Vale. Mientras tanto, voy a terminar mi trabajo.
B Así está muy bien. Hasta pronto.

A 정말 덥군! 앙헬리카, 우리 수영하러 안 갈래?
B 아니, 지금은 안 돼. 30분 내에 갈게. 사실 좀 더 쉬고 싶거든.
A 좋아. 그럼 그동안 나는 숙제를 마칠게.
B 그게 좋겠다. 곧 만나자.

Vocabulario

회화 연습1
depende [v] (depender의 3인칭 단수 현재형) 의존하다, ~에 달려 있다
/ depende de + 명사/구 : ~에 달려 있다
lugar [m] 지역, 장소
norte [m] 북쪽
a veces 때때로, 가끔
en cambio 반면에, 이에 반해
sur [m] 남쪽

tanto [adv] 그렇게 많이

회화 연습2
bañarnos [v] (재귀동사 bañarse) 목욕하다, 수영하다
dentro de ~내에, 안에 / 시간과 공간에 모두 사용 가능함.
media [a] (형용사 medio의 여성형) 반, 1/2
hora [f] 1시간

media hora 30분
necesito [v] (동사 necesitar의 1인칭 단수 현재형) 필요하다
descansar [v] 휴식하다
un poco más 조금 더
mientras tanto 그러는 동안, 그 사이에
pronto [adv] 곧, 빠르게

Vamos a escribir
따라 쓰기

회화 연습1

¿Qué tiempo hace en España en verano?
스페인은 여름에 날씨가 어때요?

Depende del lugar. En el norte, generalmente hace bueno y a veces llueve. En cambio, en el sur hace mucho calor.
지역에 따라 달라요. 북쪽은 대개 날씨가 좋고 가끔 비가 오죠. 반면에 남쪽은 무척 더워요.

Y en Madrid, ¿no hace mucho frío en invierno?
그러면 마드리드는 겨울에 많이 춥지 않아요?

Pues ... sí, hace frío. Pero no tanto.
글쎄요……. 네, 춥지요. 하지만 그렇게 많이 춥지는 않아요.

회화 연습2

¡Qué calor! Angélica, ¿no vamos a bañarnos?
정말 덥군! 앙헬리카, 우리 수영하러 안 갈래?

No, ahora no. Dentro de media hora. Es que necesito descansar un poco más.
아니, 지금은 안 돼. 30분 내에 갈게. 사실 좀 더 쉬고 싶거든.

Vale. Mientras tanto, voy a terminar mi trabajo.
좋아. 그럼 그동안 나는 숙제를 마칠게.

Así está muy bien. Hasta pronto.
그게 좋겠다. 곧 만나자.

Ejercicios

연습 문제

I. 다음 그림에 알맞은 문장의 부호를 적어 보세요.

1.

2.

3.

4.

A. **Hace mucho frío.** 날씨가 매우 추워요.
B. **Hace fresco y poco viento.** 선선하고 바람도 별로 불지 않아요.
C. **Hace mucho sol.** 햇살이 강해요.
D. **Hace un tiempo agradable.** 온화한 날씨예요.

정답 1. D 2. C 3. B 4. A

II. 밑줄 친 곳에 muy와 mucho 중 알맞은 것을 넣으세요.

1. **Los coreanos trabajan** _____ .

    한국인들은 일을 많이 한다.

2. **Estas chicas son** _____ **guapas.**

    이 소녀들은 매우 예쁘다.

3. **El caballo corre** _____ **rápido.**

    이 말은 매우 빨리 달린다.

4. **En primavera el tiempo es** _____ **bueno en Madrid.**

    마드리드의 봄 기후는 매우 좋다.

5. **Ella siempre habla** _____ .

    그녀는 항상 말을 많이 한다.

Vocabulario

guapa ⓐ (형용사 guapo의 여성형) 귀여운, 예쁜
caballo Ⓜ 말(馬)
corre Ⓥ (동사 correr의 3인칭 단수 현재형) 달리다
rápido ⓐdv 빠르게
habla Ⓥ (동사 hablar의 3인칭 단수 현재형) 말하다, 이야기하다

정답 1. mucho 2. muy 3. muy 4. muy 5. mucho

Aroma de España 스페인의 향기

스페인의 공휴일

• 1.	1.	**Año Nuevo**	신년
• 1.	6.	**Día de Epifania del Señor**	동방박사의 날
• 3.	19.	**Día de Padre**	아버지의 날
• 4.	17-18.	**Semana Santa**	부활절
• 5.	1.	**Fiesta del Trabajo**	노동절
• 5.	2.	**Día de la Comunidad de Madrid**	마드리드의 날
• 5.	15.	**Día de San Isidro**	마드리드 수호 성인의 날
• 10.	12.	**Fiesta Nacional de España**	신대륙 발견 기념일
• 11.	1.	**Día de Todos los Santos**	제 성인의 날
• 12.	6.	**Día de la Constitución Española**	제헌절
• 12.	8.	**Inmaculada Concepción**	성령수태일
• 12.	25.	**Natividad del Señor**	성탄절

Lección 16

¿A qué hora es el cine?

영화는 몇 시에 시작하나요?

시간을 잊고 핸드폰이란 물건 없이 과연 우리가 얼마를 버틸 수 있을까요? 잠에서 깨자마자 제일 먼저 묻는 말이 "¿Qué hora es?" (지금 몇 시야?)였던 경우는 또 얼마나 많았는지. 하지만 스페인어를 배우는 동안이라도 한 걸음 정도는 템포를 춰 보세요. 굳이 '느리게 사는 법'에 대한 에세이나 철학을 운운하지 않더라도 말이에요. 가끔 상상하는 환상적인 여름휴가의 한 장면이 혹시 끝없이 펼쳐진 카리브의 푸른 바다를 배경으로 열대 야자수가 늘어선 눈부시게 하얀 모래밭과 비치 파라솔 하나, 그 그늘 아래 길게 뻗은 의자에 드러누워 Piña colada(칵테일 음료)를 마시는 모습, 혹 그런 광경은 아니었나요? 현실에서 벗어난다는 것이 쉬운 일은 아니지만, 가끔 시간을 잊고 싶을 땐 일단 핸드폰을 놓고 아마존 밀림을 거닌다든지, 카리브 해의 바닷가에서 잠수하는 상상이라도 한다면 단 몇 분이라도 신나는 기분을 만끽할 수 있을 거예요. 그러나 그 옆엔 이 스페인어 회화 책 한 권, 잊으면 안 돼요!

Atención

기본 회화

A Pilar, ¿A qué hora es el cine?

B El cine es a las dos de la tarde.

  A 필라르, 영화가 몇 시에 시작하니?
  B 오후 2시에 시작해.

A ¿Qué hora es?

B Son las nueve menos cuarto.

  A 지금 몇 시입니까?
  B 9시 15분 전입니다.

Vocabulario

hora f 시각, 시간   **menos** adv 더 적은, 보다 못하게   **cuarto** m 15분, 4분의 1

Gramática
문법

I. 시간

"¿Qué hora es?" (지금 몇 시지요?)라고 질문받았을 때 시간을 말하는 방법은 다음 네 가지로 나눠 정리해 볼 수 있습니다.

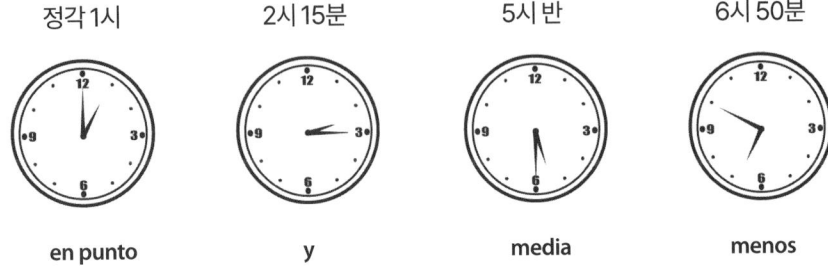

| 정각 1시 | 2시 15분 | 5시 반 | 6시 50분 |
| en punto | y | media | menos |

① 시간을 표현할 때는 ser 동사를 사용한다.
② 숫자 앞에 여성 정관사를 붙인다.
③ 정각에서 30분까지는 시와 분 사이를 y로 연결한다.
④ 30분 이후부터 다음 시각 전까지는 시와 분 사이를 일반적으로 menos로 연결한다.

¿Qué hora es? 지금 몇 시지요?
¿Qué hora tiene Ud.? (당신 시계론) 지금 몇 시지요?

1:00   Es la una en punto. 정각 1시입니다.
2:15   Son las dos y cuarto. (또는 quince) 2시 15분입니다.
5:30   Son las cinco y media. 5시 반입니다.
6:50   Son las siete menos diez. 7시 10분 전입니다.

이때, '오전, 오후, 밤'이란 시간적 분류를 해야 할 경우, 이렇게 합니다.

de la mañana   오전의   las ocho de la mañana   오전 8시
de la tarde   오후의   las dos de la tarde   오후 2시
de la noche   밤의   las diez de la noche   밤 10시

시각을 말하지 않고 그냥 '오전에, 오후에, 밤에'라는 구분만 하는 경우에는 전치사가 바뀝니다.

por la mañana	오전에	por la tarde	오후에
por la noche	밤에	por la madrugada	새벽에
a mediodía	정오에	a medianoche	자정에

몇 시에 : A qué hora~

'몇 시에'라는 표현은 "A qué hora ~"라고 시작합니다. 대답할 때도 반드시 전치사 a를 써서 말해야 합니다.

¿A qué hora es la cena? 저녁식사는 몇 시에 하지요?

A las ocho y media. 8시 반에요.

몇 시부터 몇 시까지 : de ~ a ... / desde ~ hasta ...

Siempre trabajo de nueve a cinco. 나는 항상 9시부터 5시까지 일한다.

La tienda abre desde el lunes hasta el viernes. 가게는 월요일부터 금요일까지 연다.

II. 숫자 (2)

11	once	21	veintiuno	10	diez
12	doce	22	veintidós	20	veinte
13	marzo	23	veintitrés	30	treinta
14	trece	24	veinticuatro	40	cuarenta
15	catorce	25	veinticinco	50	cincuenta
16	dieciséis	26	veintiséis	60	sesenta
17	diecisiete	27	veintisiete	70	setenta
18	dieciocho	28	veintiocho	80	ochenta
19	diecinueve	29	veintinueve	90	noventa
20	veinte	30	treinta	100	cien

31부터 100까지의 숫자는 '십의 자리 + y + 일의 자리'로 읽으면 됩니다. 예를 들어, 숫자 59를 읽어 보면 cincuenta y nueve가 되겠지요?

63 → sesenta y tres

72 → setenta y dos

88 → ochenta y ocho

95 → noventa y cinco

Diálogos
실전 회화

회화 연습1

A　¿Qué hora es? No tengo reloj.
B　Son las diez menos veinte. ¿A qué hora es la clase de español?
A　A las diez en punto. Todavía tenemos veinte minutos para descansar.
B　Bien, entonces vamos a tomar algo. Es que tengo sed.

A 지금 몇 시야? 시계가 없어서.
B 10시 20분 전이야. 몇 시에 스페인어 수업이 있지?
A 10시 정각이야. 아직 20분 정도 휴식할 시간이 있어.
B 좋아, 그럼 우리 뭘 좀 마시자. 목말라.

회화 연습2

A　¿A qué hora es el concierto?
B　A las siete y media de la tarde. ¿Por qué no vamos juntos?
A　Perfecto. ¿A qué hora quedamos?
B　A las seis en tu casa, ¿de acuerdo?
A　Vale. Hasta pronto.

A 콘서트가 몇 시에 시작하지?
B 오후 7시 반이야. 우리 함께 가는 게 어때?
A 좋아. 몇 시에 만날까?
B 6시에 너희 집에서 만나는 것, 괜찮아?
A 오케이. 그럼 나중에 보자.

Vocabulario

회화 연습1
punto [m] 점, 끝, 포인트
en punto 정각
todavía [adv] 아직 ~하지 않은
descansar [v] 휴식하다
tengo [v] (동사 tener의 1인칭 단수 현재형) 가지다

sed [f] 갈증 / tener sed 목마르다

회화 연습2
concierto [m] 콘서트
¿Por qué no ~? 왜 ~하지 않아? / 그러나 회화에서는 "~하는게 어때?"라는 의미로 많이 쓰임.

juntos [adv] 함께
perfecto [a] 완벽한 / 일반적으로 회화에서는 "좋아."라는 의미로 매우 자주 쓰임.
quedamos [v] (동사 quedar의 1인칭 복수 현재형) 머물다, 있다, 약속하다

Vamos a escribir
따라 쓰기

회화 연습1

¿Qué hora es? No tengo reloj.
지금 몇 시야? 시계가 없어서.

Son las diez menos veinte. ¿A qué hora es la clase de español?
10시 20분 전이야. 몇 시에 스페인어 수업이 있지?

A las diez en punto. Todavía tenemos veinte minutos para descansar.
10시 정각이야. 아직 20분 정도 휴식할 시간이 있어.

Bien, entonces vamos a tomar algo. Es que tengo sed.
좋아, 그럼 우리 뭘 좀 마시자. 목 말라.

회화 연습2

¿A qué hora es el concierto?
콘서트가 몇 시에 시작하지?

A las siete y media de la tarde. ¿Por qué no vamos juntos?
오후 7시 반이야. 우리 함께 가는 게 어때?

Perfecto. ¿A qué hora quedamos?
좋아. 몇 시에 만날까?

A las seis en tu casa, ¿de acuerdo?
6시에 너희 집에서 만나는 것, 괜찮아?

Vale. Hasta pronto.
오케이. 그럼 나중에 보자.

Ejercicios
연습 문제

I. 다음의 시간을 읽고 써 보세요.

1. 오전 7시 25분

2. 오전 11시 30분

3. 오후 5시 15분

4. 새벽 12시 50분

정답
1. Son las siete y veinticinco de la mañana.
2. Son las once y media de la mañana.
3. Son las cinco y cuarto de la tarde.
4. Es la una menos diez de la mañana.
   또는 Son las doce y cincuenta y cinco de la madrugada.

II. 시계를 보고 질문에 답하세요.

1.
de la tarde

¿Qué hora es? 몇 시입니까?

2.
de la mañana

¿A qué hora abre el banco? 은행은 몇 시에 엽니까?

3.
de la mañana

¿Desde qué hora está Ud. en la oficina?
당신은 몇 시부터 사무실에 있습니까?

4.
de la tarde

¿Hasta qué hora hay clase? 몇 시까지 수업이 있습니까?

_____

5.
de la noche

¿A qué hora es el concierto? 몇 시에 콘서트가 있습니까?

_____

정답 1. Son las tres en punto de la tarde.
2. El banco abre a las nueve y media de la mañana.
3. Estoy en la oficina desde las diez de la mañana.
4. Hay clase hasta las cuatro de la tarde.
5. El concierto es a las nueve de la noche.

Lección 17

¿Qué día es hoy?

오늘이 무슨 요일이지요?

어느 지방 또는 나라는 그 지역의 특성과 관습, 가치관에 따라 다양한 문화가 형성되는데, 그 중 우리들의 흥미를 끄는 것 가운데 하나가 바로 축제 문화일 것입니다. 스페인과 중남미 나라들 역시 독특한 축제로 매년 엄청난 수의 관광객을 끌어들이고 있는데, 특히 스페인은 관광 대국답게 일년 내내 각 지방별로 축제가 열려 끊임없이 볼거리를 제공하고 있습니다. 3월부터 시작되는 발렌시아 지방의 Las Fallas라는 불꽃 축제, 남부의 아름다운 도시 세비야의 4월에 열리는 부활절 축제, 헤밍웨이의 『태양은 또 다시 떠오른다』에 소개되어 세계적으로 유명해진 플로나의 San Fermín의 소몰이 축제. 그리고 또 발렌시아 지방의 작은 마을 부뇰(Buñol)에서 펼쳐지는 La Tomatina라는 토마토 축제 등등…. 살아 숨쉬는 사람들의 가장 인간적 예술인 '축제', 내가 직접 그 속의 주인공이 되어 보는 것은 어떨까요?

Atención

기본 회화

A María, ¿qué día es hoy?

B Hoy es miércoles.

> **A** 마리아, 오늘이 무슨 요일인가요?
> **B** 오늘은 수요일이에요.

A ¿Qué fecha es hoy?

B Hoy es tres de junio.

> **A** 오늘이 며칠이지요?
> **B** 오늘은 6월 3일입니다.

Vocabulario

día m 날, 하루
hoy adv 오늘
fecha f 날짜
junio m 6월

Gramática
문법

I. 요일과 날짜

일반적으로 요일과 날짜를 묻는 형태는 비슷합니다. '주중 어떤 날'인지, 또는 '30(31)일 중 어떤 날짜'인지를 질문하는 거지요.

¿Qué día es hoy? 오늘은 무슨 요일인가요?
¿Qué fecha es hoy? 오늘은 며칠이지요?
= **¿A qué estamos hoy?**

이에 대한 대답은 다음과 같습니다.

Hoy es lunes. 오늘은 월요일입니다.
Hoy es siete de junio. 오늘은 6월 7일이에요.
= **Estamos a siete de junio.**

일반적으로 스페인어에서는 요일과 날짜 앞에 관사를 쓰지 않습니다. 그러나 특정한 날을 지칭하는 경우라면 정관사를 쓸 수 있어요. 그리고 매월 1일은 관용적으로 el primero(첫날), 또는 el primer día라고 합니다.

Mi cumpleaños es el doce de enero. 나의 생일은 1월 12일입니다.
La reunión es el lunes. 미팅은 월요일입니다.
Mañana es el primero de octubre. 내일은 10월 1일이다.

달(月)을 말할 때도 관사를 쓰지 않으며, 항상 소문자로 씁니다. 예를 들어 '4월에'라는 말은 en abril이라고 씁니다.

요일			
월요일	lunes	화요일	martes
수요일	miércoles	목요일	jueves
금요일	viernes	토요일	sábado
일요일	domingo		

달			
1월	enero	7월	julio
2월	febrero	8월	agosto
3월	marzo	9월	septiembre
4월	abril	10월	octubre
5월	mayo	11월	noviembre
6월	junio	12월	diciembre

a principios de 초순에
a mediados de 중순에
a finales de 하순에

Comienzan las vacaciones a principios de julio. 방학은 7월 초에 시작한다.
Normalmente a finales de diciembre, estoy ocupado. 일반적으로 12월 말에 나는 바쁘다.

hoy 오늘
mañana 내일
pasado mañana 모레
ayer 어제
anteayer 그저께

Ellos van a visitarme pasado mañana. 그들은 모레 나를 방문할 것이다.
Hubo un accidente terrible anteayer. 그저께 끔찍한 사고가 있었다.

Diálogos

실전 회화

회화 연습1

A   Miguel, ¿qué día es hoy?
B   Hoy es jueves. ¿Por qué? ¿Tienes algo que hacer?
A   Sí, mañana tengo un examen muy importante.
B   Tranquila. Aún tienes tiempo, ¿no?

A   미겔, 오늘이 무슨 요일이야?
B   목요일이야. 왜? 뭐 해야 할 거라도 있어?
A   응, 내일 아주 중요한 시험이 있거든.
B   진정해. 아직 시간있잖아, 안 그래?

회화 연습2

A   ¿Qué fecha es hoy?
B   Hoy es nueve de agosto.
A   Oye, mañana es el aniversario de nuestra boda, ¿verdad?
B   Sí, es verdad. Casi lo olvido.

A   오늘이 며칠이지?
B   8월 9일이야.
A   아니, 내일이 우리들 결혼기념일이잖아, 그렇지?
B   그래, 맞아. 거의 잊어버리고 있었네.

Vocabulario

회화 연습1
algo (pron) 무언가
examen (m) 시험
importante (a) 중요한
tranquila (a) (형용사 tranquilo의 여성형) 침착한, 조용한

aún (adv) 아직, 여전히
tiempo (m) 시간

회화 연습2
aniversario (m) 기념일
boda (f) 결혼

verdad (f) 사실, 진실
casi (adv) 거의 ~한, 대략
lo (pron) (남성 3인칭 직접목적 대명사) 그것을
olvido (v) (동사 olvidar의 1인칭 단수 현재형) 잊다

Vamos a escribir
따라 쓰기

회화 연습1

Miguel, ¿qué día es hoy?
미겔, 오늘이 무슨 요일이야?

Hoy es jueves. ¿Por qué? ¿Tienes algo que hacer?
목요일이야. 왜? 뭐 해야 할 거라도 있어?

Sí, mañana tengo un examen muy importante.
응, 내일 아주 중요한 시험이 있거든.

Tranquila. Aún tienes tiempo, ¿no?
진정해. 아직 시간 있잖아, 안 그래?

> 회화 연습2

¿Qué fecha es hoy?
오늘이 며칠이지?

Hoy es nueve de agosto.
8월 9일이야.

Oye, mañana es el aniversario de nuestra boda, ¿verdad?
아니, 내일이 우리들 결혼기념일이잖아, 그렇지?

Sí, es verdad. Casi lo olvido.
그래, 맞아. 거의 잊어버리고 있었네.

Ejercicios

연습 문제

I. 다음의 날짜를 스페인어로 말해 보세요.

> ¿Qué fecha es hoy?   오늘은 며칠입니까?

1. 2월 13일 → _____

2. 4월 9일 → _____

3. 6월 15일 → _____

4. 9월 1일 → _____

5. 12월 20일 → _____

정답 1. Es trece de febrero. 2. Es nueve de abril. 3. Es quince de junio.
4. Es el primer día(primero) de septiembre. 5. Es veinte de diciembre.

II. 보기의 날짜와 요일을 기준으로 하여 다음 질문에 답해 보세요.

> **Hoy** 오늘
> **jueves, 10 de julio** 목요일, 7월 10일

1. ¿Qué día es hoy?   오늘은 무슨 요일입니까?

2. ¿Qué fecha es hoy?   오늘은 며칠입니까?

3. ¿En qué estación estamos?   무슨 계절입니까?

4. ¿Qué día es mañana?   내일은 무슨 요일입니까?

5. ¿Qué fecha es pasado mañana?   모레는 며칠입니까?

정답 1. Hoy es jueves. 2. Hoy es diez de julio. 3. Estamos en verano.
4. Mañana es viernes. 5. Pasado mañana es doce de julio.

Aroma de España 스페인의 향기

토마토 축제(La Tomatina)

발렌시아 지방으로부터 서쪽으로 40km 떨어진 곳에 부뇰(Buñol)이라는 마을이 있습니다. 이 작은 마을이 매년 8월 마지막 주 수요일만 되면 "토마토 전쟁"이라고 하는 이색적인 축제를 벌입니다. 축제 참가자들이 탄환 대신 토마토를 무기 삼아 서로를 향하여 사정없이 던지는 것이지요.

축제의 기원에 대해서는 해석이 분분한데 가장 근접한 해석은 1945년을 배경으로 한 내용입니다. 하루는 마을 광장에서 전통 의식이 거행되고 있었는데, 마침 시 당국자들이 음악대를 비롯하여 가장행렬에 참가한 사람들과 함께 지나가고 있을 때, 한 청년이 행렬에 참여하고 싶은 마음에서 대열 중에 있는 사람을 밀었습니다. 그때 가장행렬 속의 한 사람이 바닥에 넘어졌고, 그는 일어나자마자 보복으로 거기에 있는 모든 사람들을 치기 시작했습니다. 이렇게 시작된 싸움은 곧 만인대 만인의 양상으로 확산되었고, 누군가가 마침 근처 야채 노점에 진열된 토마토를 무기 삼아 집어던지는 일이 발생했습니다. "난투전"은 결국 공권력의 개입으로 끝이 났지만 이때 참여했던 사람들은 이날의 독특한 기억을 잊지 못해, 결국 해마다 관광객들을 토마토즙으로 뒤범벅을 만드는 기상천외한 축제로 발전시키기에 이르게 되었습니다.

Lección 18
Te llamo después de terminar la reunión.

모임이 끝난 뒤에 너에게 전화할게.

전화를 받으면서 하는 "여보세요"라는 말도 물론 나라마다 다른데, 그 중 몇 가지를 살펴보면, 스페인의 "Diga"와 멕시코의 "Bueno", 그리고 콜롬비아와 기타 여러 나라에서 쓰는 "Aló"가 있습니다. 지역적인 특성을 갖는 이런 말들은 그곳에 조금만 있으면 금방 익숙해지므로 그리 어려울 것은 없어요. 단, 전화의 대화는 만나서 하는 대화보다 알아듣기가 더 힘들기 때문에 좀더 주의를 기울여야 하지요. 그러므로 일반적으로 많이 사용하는 전화 용어들은 미리 알아두는 것이 좋을 거라고 생각합니다. 또 하나 참고로 말씀드리자면, 고도의 과학 문명의 이기를 누리고 있는 이 시대에도, 아직도 전화를 사용하기조차 힘든 지역이 있다는 사실. 특히 중남미 쪽으로 가시는 분들은 염두에 두어야 할 것입니다.

Atención

기본 회화

A Estoy muy mal. Creo que no puedo ir a la reunión.

B ¡Qué va! Entonces, yo voy sola.
Te llamo después de terminar la reunión.

A 지금 몸이 무척 안 좋아. 모임에 못 갈 것 같아.
B 저런! 그럼 나 혼자 갈게. 모임이 끝난 뒤에 네게 전화할게.

A Oiga, soy Francisco. ¿Puedo hablar con Clara?

B Soy yo. Es que no te oigo bien.
Espera, yo te llamo.

A 여보세요, 저는 프란시스코입니다. 클라라와 통화할 수 있을까요?
B 나야. 그런데 잘 안 들려. 기다려, 내가 너한테 전화할게.

Vocabulario

creo [v] (동사 creer의 1인칭 단수 현재형) 믿다, 생각하다
reunión [f] 모임, 회의
sola [a] (형용사 solo의 여성형) 단독의, 혼자의
después [adv] 나중에, 후에 / después de + 동사 원형 : ~한 뒤에
oiga [v] (동사 oir의 접속법 3인칭 단수 현재형) 듣다

bien [adv] 잘, 꽤
espera [v] (동사 esperar의 3인칭 단수 현재형. 여기서는 tú에 대한 긍정 명령) 기다리다
llamo [v] (동사 llamar의 1인칭 단수 현재형) 부르다, 전화하다

Gramática

문법

I. 직접목적대명사

직접목적대명사란 우리말의 '~을, ~를'에 해당하는 직접목적어를 대명사로 고친 형태를 말합니다. 이때 직접목적어가 될 수 있는 것은 대부분 사람, 사물을 가리키는 명사들이지요.

		주격인칭대명사		직접목적대명사	
단수	1	yo	나	me	나를
	2	tú	너	te	너를
	3	él / Ud.	그/당신(남자)	lo	그를/당신을(남자)
		ella / Ud.	그녀/당신(여자)	la	그녀를/당신을(여자)
복수	1	nosotros/as	우리	nos	우리를
	2	vosotros/as	너희	os	너희를
	3	ellos / Uds.	그들/당신들(남자들)	los	그들을/당신들을(남자들)
		ellas / Uds.	그녀들/당신들(여자들)	las	그녀들을/당신들을(여자들)

＊3인칭의 경우, 원칙적으로는 직접목적대명사가 쓰여질 부분이라도, 스페인 사람들의 언어 습관상 le, les(간접목적대명사)라고도 쓰니 참고로 알아 두기 바랍니다.

그럼, 직접목적대명사에 대해 알아볼까요?

Amo a María. 나는 마리아를 사랑한다.

이 문장에서 직접목적어인 María를 대명사로 바꾸면, 여성 3인칭 단수이므로 la가 됩니다. 이때 대명사 la는 이렇게 동사가 하나인 문장에서는 동사 앞으로 나오지요. 즉, "La amo." (나는 그녀를 사랑한다)가 되는 것입니다. 그런데 만약 동사가 조동사를 동반하면 직접목적대명사는 동사의 앞 또는 뒤에 올 수 있어요. 단, 뒤에 올 때는 동사 뒤에 간격 없이 붙여 씁니다.

Compras la pluma. 너는 펜을 산다.
→ **La compras.** 너는 그것을 산다.

Llamamos a Juan y Carmen. 우리는 후안과 카르멘에게 전화한다.
→ **Los llamamos.** 우리는 그들에게 전화한다.

Voy a aprender español. 나는 스페인어를 배우려고 한다.
→ **Lo voy a aprender.** 나는 그것을 배우려고 한다.
→ **Voy a aprenderlo.**

* llamar 동사의 원래 뜻은 '~를 부르다'인데, '전화하다'라는 뜻으로 많이 쓰이고 있습니다. 이때 우리말로는 '우리는 후안과 카르멘에게 전화한다'가 되어 a Juan y Carmen이 마치 간접목적어인 것처럼 해석되지만, 문법적으로는 직접목적어란 사실, 꼭 기억하세요.

II. ~라고 생각하다 : Creo que~

여기서 que는 문장을 이끄는 접속사입니다. 두 문장을 하나로 연결시켜 줍니다.

Yo creo. 나는 생각한다.
Ella viene mañana. 그녀가 내일 온다.
→ **Creo que ella viene mañana.** 나는 그녀가 내일 온다고 생각한다.

III. ~한 뒤에 : después de + 동사 원형/명사

después de 다음에 동사 또는 명사가 와서 '~한 뒤에'라는 뜻을 가집니다.

después de la comida 식사 후에
después de llegar a casa 집에 도착한 뒤에

* antes de + 동사원형 / 명사 : ~하기 전에
antes de salir de casa 집에서 나가기 전에
antes de la conferencia 강연회 전에

Diálogos
실전 회화

회화 연습1

A ¿Diga?
B Buenas tardes. ¿Está en casa Felipe?
A No, no se encuentra. ¿Con quién hablo?
B Con su compañera de trabajo.
A ¿Quiere dejar algún recado?
B No, gracias. Vuelvo a llamarle más tarde.

A 여보세요?
B 안녕하세요. 펠리페가 집에 있나요?
A 아니요, 없는데요. 누구시죠?
B 직장 동료예요.
A 메시지라도 남기시겠어요?
B 아뇨, 괜찮아요. 조금 뒤에 다시 전화할게요.

회화 연습2

A ¿Aló?
B Sí, dígame.
A Hola, Mario. Soy yo, Cecilia.
B ¿Cómo estás, Cecilia? Hace tiempo que no te veo.
A Es que estoy muy ocupada estos días. Y tú, ¿qué tal?
B Muy bien. Pero no debes olvidar de llamarnos a menudo, ¿vale?

A 여보세요?
B 네, 말씀하세요.
A 안녕, 마리오. 나 세실리아야.
B 잘 있었니, 세실리아? 한동안 너를 볼 수가 없던데.
A 사실은 요즘 무척 바쁘거든. 넌 어떻게 지내니?
B 잘 지내고 있어. 하지만 우리한테 자주 전화하는 것 잊지 마, 알겠지?

Vocabulario

회화 연습1
diga [v] (동사 decir의 접속법 현재 3인칭 단수 변화형) 말하다
encuentra [v] (동사 encontrar의 3인칭 단수 현재형) 만나다, 마주치다
compañera [f] 여자 동료, 여자친구
dejar [v] 놓다, 방치하다, 허락하다, 빌려주다
algún [a] (형용사 alguno의 o 탈락형) 어떤

recado [m] 메시지, 전갈
vuelvo [v] (동사 volver의 1인칭 단수 현재형) 돌아오다 / volver a + 동사 원형: 다시 ~하다

회화 연습2
Aló (주로 중남미에서 사용) 여보세요?
hace+기간+que ~한 지 ~된
ocupada [a] (형용사 ocupado의 여성형) 바쁜, 자리가 찬
estos días 요즘

debes [v] (동사 deber의 2인칭 단수 현재형) ~할 의무가 있다 / deber+ 동사 원형: ~해야 한다
olvidar [v] 잊다, 망각하다
a menudo 자주

Vamos a escribir

따라 쓰기

회화 연습1

¿Diga?
여보세요?

Buenas tardes. ¿Está en casa Felipe?
안녕하세요. 펠리페가 집에 있나요?

No, no se encuentra. ¿Con quién hablo?
아니요, 없는데요. 누구시죠?

Con su compañera de trabajo.
직장 동료예요.

¿Quiere dejar algún recado?
메시지라도 남기시겠어요?

No, gracias. Vuelvo a llamarle más tarde.
아뇨, 괜찮아요. 조금 뒤에 다시 전화할게요.

회화 연습2

¿Aló?
여보세요?

Sí, dígame.
네, 말씀하세요.

Hola, Mario. Soy yo, Cecilia.
안녕, 마리오. 나 세실리아야.

¿Cómo estás, Cecilia? Hace tiempo que no te veo.
잘 있었니, 세실리아? 한동안 너를 볼 수가 없던데.

Es que estoy muy ocupada estos días. Y tú, ¿qué tal?
사실은 요즘 무척 바쁘거든. 넌 어떻게 지내니?

Muy bien. Pero no debes olvidar de llamarnos a menudo, ¿vale?
잘 지내고 있어. 하지만 우리한테 자주 전화하는 것 잊지 마, 알겠지?

Ejercicios

연습 문제

I. 보기와 같이 문장을 바꿔 쓰세요.

> **Hoy compro una computadora.** 오늘 나는 컴퓨터를 한 대 산다.
> → **Hoy la compro.** 오늘 나는 그것을 산다.

1. Quiero comprar un coche. 나는 자동차 한 대를 사고 싶다.

→ _____

2. Buscamos una secretaria en el periódico. 우리는 신문에서 비서를 구하고 있다.

→ _____

3. Vas a ver la película de Almodóvar. 너는 알모도바르의 영화를 보려고 한다.

→ _____

4. Escuchan las canciones de Mecano. 그들은 메카노의 노래들을 듣는다.

→ _____

5. Necesita un piso. 그는 아파트가 하나 필요하다.

→ _____

Vocabulario

buscar v 찾다, 구하다
periódico m 신문
Almodóvar, Pedro 스페인을 대표하는 세계적인 영화감독, 대표작으로 <내 어머니의 모든 것>, <그녀에게> 등이 있음.
canción f 노래
Mecano 스페인의 3인조 보컬그룹. 여성 리드 싱어의 맑은 목소리가 매우 매력적임.

정답 1. Lo quiero comprar. / Quiero comprarlo. 2. La buscamos en el periódico. 3. Vas a verla. / La vas a ver. 4. Las escuchan. 5. Lo necesita.

II. 다음 문장의 밑줄 친 곳에 알맞은 직접목적대명사를 넣으세요.

1. **Camilo calienta el café.**   카밀로는 커피를 데운다.

   Camilo _____ **calienta.**   카밀로는 그것을 데운다.

2. **Ellas pintan la pared.**   그녀들은 벽을 페인트칠한다.

   Ellas _____ **pintan.**   그녀들은 그것을 페인트칠한다.

3. **Saludamos a los profesores.**   우리는 교수들에게 인사한다.

   _____ **saludamos.**   우리는 그들에게 인사한다.

4. **Abres la puerta.**   너는 문을 연다.

   _____ **abres.**   너는 그것을 연다.

5. **Cierran las ventanas.**   그들은 창문들을 닫는다.

   _____ **cierran.**   그들은 그것들을 닫는다.

Vocabulario

calienta ⓥ (동사 calentar의 3인칭 단수 현재형) 가열하다, 끓이다
pared ⓕ 벽, 담

saludar ⓥ ~을 인사하다 / 동사 llamar처럼 직접목적어를 취하는 동사지만 우리말 해석 상으로는 "~에게 인사하다"가 됨.

puerta ⓕ 문, 출입구
cierran ⓥ (동사 cerrar의 3인칭 복수 현재형) 닫다

정답 1. lo 2. la 3. Los 4. La 5. Las

Aroma de España 스페인의 향기

⟨Eres tú⟩
interpretada por Mocedades

Como una promesa eres tú, eres tú	마치 어떤 약속처럼
Como una mañana de verano	마치 어느 여름날의 상쾌한 아침같이
Como una sonrisa eres tú, eres tú	마치 어떤 미소같이, 그래 넌 그런 사람이야
Así, así eres tú.	그래, 정말 그래
Toda mi esperanza eres tú, eres tú	너는 나의 모든 소망
Como lluvia fresca en mis manos	마치 내 손으로 떨어지는 시원한 빗방울처럼
Como fuerte brisa eres tú, eres tú	또는 강하게 불어오는 바람처럼... 그래, 넌 그래
Así, así eres tú	정말 그래, 넌
Eres tú como el agua de mi fuente	넌 마치 내 인생의 생명수 같고
Eres tú el fuego de mi hogar	내 보금자리를 따스하게 데우는 불꽃 같아
Algo así eres tú, oooh,	그런, 마치 그런 것 같아, 넌.
Algo así como el fuego de mi hoguera,	마치 내 마음의 모닥불처럼
Algo así eres tú oooh, mi vida algo así eres tú.	내 삶의 소중한 그 무엇이야, 넌
Como mi poema eres tú, eres tú	마치 나의 아름다운 시처럼
Como una guitarra en la noche	밤하늘에 울려 퍼지는 기타소리처럼
Todo mi horizonte eres tú, eres tú	넌 나의 끝없는 지평선, 넌 그래
Así, así eres tú.	정말 그래, 넌
Eres tú como el agua de mi fuente	넌 마치 내 인생의 생명수 같고
Eres tú el fuego de mi hogar	내 보금자리를 따스하게 데우는 불꽃 같아
Algo así eres tú, oooh,	그런, 마치 그런 것 같아, 넌.
Algo así como el fuego de mi hoguera,	마치 내 마음의 모닥불처럼
Algo así eres tú oooh, mi vida algo así eres tú.	내 삶의 소중한 그 무엇이야, 넌

Lección 19
¿Me deja el periódico un momento?

제게 신문을 잠깐 빌려주시겠어요?

사람이 살다 보면 급히 남에게 뭔가를 빌려야 할 경우가 있게 마련입니다. 외국을 여행할 때도 그런 경우가 생기는데. 이때 쓸 수 있는 말이 "¿Puede dejarme...?"입니다. 작게는 펜에서부터 크게는 자동차까지 다양하게 쓸 수 있는 말이지요. 콜롬비아의 경우, 통속적으로 잘 쓰는 표현 중의 하나로 "¿Puede regalarme...?"가 있어요. 해석을 하자면 "내게 ~을 좀 선물하시겠어요?"인데, 그 뜻은 결국 뭘 좀 달라는 말이에요. 빌린다는 것과 아예 준다는 뜻이 동시에 포함되어 있으므로 상황을 잘 파악한 뒤에 대답을 해야 합니다. 분명 빌린다는 말은 의미 그대로 돌려주는 것이 전제가 되어 있는 것인데, 라틴아메리카 사람들에게는 그런 의식이 좀 약해 보일 때도 있어요. 분명 빌려간다고 했는데 돌아오지 않으니…….

Atención

기본 회화

A ¿Me deja el periódico un momento?

B Perdón, todavía estoy leyéndolo.

  A 신문 좀 잠깐 빌려주시겠어요?
  B 죄송해요, 아직 읽는 중이거든요.

A Hijo, ¿qué te compro, un cinturón o una billetera?

B Mamá, como tú quieras. Me da igual.

  A 얘, 뭘 사줄까? 벨트 아니면 지갑?
  B 엄마, 좋을 대로 하세요. 난 상관없으니까.

Vocabulario

deja [v] (동사 dejar의 3인칭 단수 현재형) 허락하다, 놓다
leyendo [v] (동사 leer(읽다)의 현재분사형) 읽으면서

comprar [v] 사다
cinturón [m] 벨트, 띠
billetera [f] 지갑
como [conj] ~대로, ~한 것처럼

quieras [v] (동사 querer의 접속법 2인칭 단수 현재형) 좋아하다
da [v] (동사 dar의 3인칭 단수 현재형) 주다
igual [a] 똑같은

Gramática
문법

I. 간접목적대명사

간접목적대명사란 우리말의 '~에게'에 해당되는 간접목적어를 대명사로 고친 형태를 말합니다. 앞에서 배운 직접목적대명사와 다른 점은 간접목적대명사의 경우, 남성과 여성을 구분하지 않고 같은 형태로 쓴다는 점입니다.

1. 간접목적대명사의 형태

		주격인칭대명사		간접목적대명사	
단수	1	yo	나	me	나에게
	2	tú	너	te	너에게
	3	él / Ud.	그/당신(남자)	le	그에게/당신에게(남자)
		ella / Ud.	그녀/당신(여자)	le	그녀에게/당신에게(여자)
복수	1	nosotros/as	우리	nos	우리에게
	2	vosotros/as	너희	os	너희에게
	3	ellos / Uds.	그들/당신들(남자들)	les	그들에게/당신들에게(남자들)
		ellas / Uds.	그녀들/당신들(여자들)	les	그녀들에게/당신들에게(여자들)

Te regalo un libro. 나는 너에게 책을 선물한다.
→ **Te lo regalo.** 나는 너에게 그것을 선물한다.

Ella nos manda la postal. 그녀는 우리에게 엽서를 보낸다.
→ **Ella nos la manda.** 그녀는 우리에게 그것을 보낸다.

2. 주의할 사항

① 두 목적대명사의 문장 내의 순서
  반드시 '간접목적대명사 + 직접목적대명사'의 순서로 써야 합니다.

② 한 문장 내에서 간접목적대명사와 직접목적대명사가 둘 다 3인칭인 경우, 앞의 간접목적대명사를 단수, 복수에 상관없이 무조건 se로 바꾸어 줍니다.

┌─ 중복형 ─┐
Le traigo a la niña la galleta. 나는 그 소녀에게 (줄) 비스킷을 가지고 온다.
간·목·대   간접 목적어   직접목적어
                            직목대 la로 바뀐다

→ **Le** la traigo. (×)
→ **Se** la traigo. (○)

II. 현재분사

현재분사는 성, 수에 따라 형태가 변하지 않으며, 대표적인 용법은 진행형을 만드는 것입니다. 그 외에 독립구문으로서 원인, 이유, 조건, 양보의 뜻으로 사용됩니다.

Estoy escuchando al profesor.
나는 지금 교수님 말씀을 경청하고 있다. (현재진행의 의미)

Siendo tan inteligente, va a aprobar el examen.
똑똑하기 때문에 그는 시험에 합격할 것이다. (이유의 의미)

Lloviendo mucho, salimos al parque.
비가 많이 오고 있음에도 불구하고, 우리는 공원으로 나간다. (양보의 의미)

Diálogos
실전 회화

회화 연습1

A ¿Me deja su pasaporte, por favor?
B Aquí tiene.
A ¿Cuánto tiempo va a quedarse en España?
B Un mes. Vengo a visitar a mis amigos.
A ¿Tiene algo que declarar?
B No, solo ropas y regalos. Nada más.

A 여권 좀 보여주시겠습니까?
B 여기 있어요.
A 스페인에 얼마 동안 머무를 예정입니까?
B 한 달이요. 친구들을 방문하러 왔어요.
A 신고할 것이 있습니까?
B 아뇨, 옷들과 선물들뿐이에요. 그 외에는 아무것도 없습니다.

회화 연습2

A ¿Qué plato puede recomendarme Ud.?
B El churrasco es muy bueno. Es la especialidad de nuestra casa.
A ¡Bien! Churrasco. Para beber, no sé qué tomar. ¿Qué me aconseja Ud.?
B El vino chileno es bueno y también es delicioso el vino de la casa. ¿Cuál prefiere Ud.?
A De verdad, me da igual. Bueno, el vino de la casa, por favor.

A 어떤 요리를 제게 추천하시겠어요?
B 쇠고기 숯불구이가 아주 좋습니다. 저희 식당의 특별 요리죠.
A 좋아요! 그럼 쇠고기 숯불구이로 하죠. 마실 것으론 뭘 해야할지 모르겠군요. 뭘 제게 권하시겠어요?
B 칠레산 포도주가 좋아요. 또한 저희 포도주도 훌륭하지요. 어떤 것을 원하세요?
A 사실 제겐 다 똑같아요. 좋아요, 이 식당의 포도주로 주세요.

Vocabulario

회화 연습1
mes (m) (한) 달(月)
declarar (v) 신고하다
solo (adv) 오직, 단지
ropa (f) 옷, 의류
regalo (m) 선물

회화 연습2
plato (m) 요리, 접시
recomendar (v) 추천하다
churrasco (m) 숯불에 구운 고기. 특히 중남미 쪽의 요리로 유명하며 매우 대중적임.
especialidad (f) 전문(성), 전문 요리

aconseja (v) (동사 aconsejar의 3인칭 단수 현재형) 충고하다
vino (m) 포도주
delicioso (a) 맛있는, 감미로운
prefiere (v) (동사 preferir의 3인칭 단수 현재형) 선호하다 / preferir A a B: A를 B보다 더 좋아하다

Vamos a escribir

따라 쓰기

회화 연습1

¿Me deja su pasaporte, por favor?
여권 좀 보여주시겠습니까?

Aquí tiene.
여기 있어요.

¿Cuánto tiempo va a quedarse en España?
스페인에 얼마 동안 머무를 예정입니까?

Un mes. Vengo a visitar a mis amigos.
한 달이요. 친구들을 방문하러 왔어요.

¿Tiene algo que declarar?
신고할 것이 있습니까?

No, solo ropas y regalos. Nada más.
아뇨, 옷들과 선물들뿐이에요. 그 외에는 아무것도 없습니다.

> 회화 연습2

¿Qué plato puede recomendarme Ud.?
어떤 요리를 제게 추천하시겠어요?

El churrasco es muy bueno. Es la especialidad de nuestra casa.
쇠고기 숯불구이가 아주 좋습니다. 저희 식당의 특별 요리죠.

¡Bien! Churrasco. Para beber, no sé qué tomar. ¿Qué me aconseja Ud.?
좋아요! 그럼 쇠고기 숯불구이로 하죠. 마실 것으론 뭘 해야 할지 모르겠군요. 뭘 제게 권하시겠어요?

El vino chileno es bueno y también es delicioso el vino de la casa. ¿Cuál prefiere Ud.?
칠레산 포도주가 좋아요. 또한 저희 포도주도 훌륭하지요. 어떤 것을 원하세요?

De verdad, me da igual. Bueno, el vino de la casa, por favor.
사실 제겐 다 똑같아요. 좋아요, 이 식당의 포도주로 주세요.

Ejercicios
연습 문제

I. 보기와 같이 문장을 바꿔 쓰세요.

> ¿**Me dejas tu libro?** 나에게 네 책 좀 빌려줄래?
> → ¿**Me lo dejas?** 나에게 그것을 빌려줄래?

1. **Nos regala un disco compacto.** 그는 우리에게 콤팩트디스크를 선물한다.
→ _____

2. **Te recomendamos este restaurante.** 우리는 너에게 이 레스토랑을 추천한다.
→ _____

3. **Os traigo las galletas.** 나는 너희에게 비스킷들을 가지고 온다.
→ _____

4. **Ellos me dan un ramo de flores.** 그들은 나에게 꽃 한 다발을 준다.
→ _____

5. **Te enseño mi casa.** 나는 너에게 나의 집을 가르쳐 준다.
→ _____

Vocabulario

disco [m] 디스크
compacto [a] 밀집한, 빽빽한 / disco compacto 콤팩트디스크
traigo [v] (동사 traer의 1인칭 단수 현재형) 가지고 오다, 데려오다
galleta [f] 비스킷
ramo [m] 다발
enseño [v] (동사 enseñar의 1인칭 단수 현재형) 보여주다, 가르치다

정답 1. Nos lo regala. 2. Te lo recomendamos. 3. Os las traigo. 4. Ellos me lo dan.
5. Te la enseño.

II. 다음 밑줄 친 곳에 알맞은 목적대명사들을 넣으세요.

1. **Yo le doy a Sonia una rosa.** 나는 소니아에게 장미 한 송이를 준다.

   Yo _____ _____ doy. 나는 그녀에게 그것을 준다.

2. **La profesora nos explica la lección.** 교수님은 우리에게 그 단원을 설명하신다.

   La profesora _____ _____ explica. 교수님은 우리에게 그것을 설명하신다.

3. **El poeta les dicta a las alumnas un poema.** 시인은 여학생들에게 시를 받아쓰게 한다.

   El poeta _____ _____ dicta. 시인은 그녀들에게 그것을 받아쓰게 한다.

4. **Mi padre le vende a un extranjero su coche.** 나의 아버지는 한 외국인에게 그의 자동차를 판다.

   Mi padre _____ _____ vende. 나의 아버지는 그에게 그것을 판다.

5. **Os compramos una muñeca.** 우리는 너희에게 인형 하나를 사 준다.

   _____ _____ compramos. 우리는 너희에게 그것을 사 준다.

Vocabulario

explica [v] (동사 explicar의 3인칭 단수 현재형) 설명하다
dicta [v] (동사 dictar의 3인칭 단수 현재형) 구술하다, 받아쓰게 하다
padre [m] 아버지
vende [v] (동사 vender의 3인칭 단수 현재형) 팔다
extranjero [m] 외국인
muñeca [f] 인형, 손목

정답 1. se, la 2. nos, la 3. se, lo 4. se, lo 5. Os, la

Aroma de España 스페인의 향기

⟨Bésame mucho⟩
interpretada por Cesaria Evora

Bésame, Bésame mucho	키스해 줘, 뜨겁게 키스해 줘.
Como si fuera esta noche, la última vez	마치 오늘 밤이 마지막인 것처럼
Bésame, Bésame mucho	키스해 줘, 뜨겁게 키스해 줘.
Que tengo miedo a perderte,	너를 잃을까 봐 두려워,
perderte después	지금 이후로 너를 잃을까 봐.
Quiero tenerte muy cerca	널 가까이서 느끼고 싶어.
mirarme en tus ojos y estar junto a ti	네 눈 속에 있는 나를 보며 그리고 너와 같이 있고 싶어.
Piensa que tal vez mañana,	내일 아침이면 난 이미 멀리,
Estaré lejos, muy lejos de aquí	여기서 아주 먼 곳에 있을지도 모르잖아.
Bésame, Bésame mucho	키스해 줘, 뜨겁게 키스해 줘.
Como si fuera esta noche, la última vez	마치 오늘 밤이 마지막 밤인 것처럼
Bésame, Bésame mucho	키스해 줘, 뜨겁게 키스해 줘.
Que tengo miedo a perderte,	너를 잃을까 봐 두려워,
perderte después	너를 잃을까 봐 정말 두려워.

Lección 20

Me gusta mucho la paella.

난 파에야를 무척 좋아해.

여행의 진미는 뭐니뭐니 해도 요리와 여흥이 아닐까요? 그런데 스페인어를 배우는 우리들에게 있어서는 불행인지 다행인지, 스페인어권이 스페인과 중남미로 나뉘다 보니, 두 문화권의 차이가 사실 엄청나서 사용하는 단어에서부터 음식, 주거, 사회 환경이 매우 상이한 면들이 많습니다. 스페인의 식민지시대를 거친 중남미의 문화는 스페인의 영향을 받은 것도 있지만, 동시에 토착민들의 문화가 그대로 계승된 부분도 허다합니다. 따라서 이 두 문화권을 다 접하지도 않은 채 스페인어에 대해 충분한 이해를 한다고 감히 말할 수 있을지 ……. 아무튼, 이 경쾌하고 사랑스런 스페인어를 쓰는 사람들의 정열만큼은 어딜 가도 한결 같다는 사실. 그런 의미에서 잠깐 이 두 문화권의 디스코텍 분위기를 한번 들여다볼까요? …… 어떠셨어요? 콜롬비아 사람들은 춤추느라 정신없고, 스페인 사람들은 수다 떠느라 정신이 없지 않던가요?

Atención

기본 회화

A ¿Te gusta la música latina?

B ¿Cómo no? Me gusta muchísimo.

> A 너 라틴 음악 좋아하니?
> B 물론이지. 굉장히 좋아해.

A Me gusta mucho la paella♦.

B A mí, no tanto.

> A 난 파에야를 무척 좋아해.
> B 난 그렇게 좋아하진 않아.

Vocabulario

latina ⓐ (형용사 latino의 여성형) 라틴계의
¿cómo no? 물론이지, 당연하지
muchísimo adv (형용사 mucho의 절대최상급으로, 예외적으로 부사로 적용된 경우임) 대단히
gusta v (동사 gustar의 3인칭 단수 현재형) 좋아하다
tanto adv 그토록, 그렇게

♦ **paella** 파에야
스페인의 대표적인 음식이라고 할 만큼 유명하며, 또 그만큼 맛과 풍미가 있답니다. 일종의 해물볶음밥인 이 요리의 특징은 각종 해산물과 azafrán이라는 노란색 향신료의 맛과 향, 색의 조화라고 할 수 있지요. 발렌시아 지방의 paella가 가장 유명하며, 스페인을 여행하는 사람이라면 한 번쯤은 꼭 먹어봐야 할 메뉴 중 하나입니다.

Gramática
문법

I. 역구조동사 gustar

독특한 스페인어 표현 중의 하나가 바로 이 역구조 문형이고, 그 대표적인 동사가 바로 gustar(마음에 들다, ~이 좋다)입니다. 그 외에도 parecer(~인 것 같다), quedar(남다), interesar(흥미가 있다) 등 여러 가지 동사들이 이런 문형으로 표현됩니다. 역구조라 불리는 이유는 해석상, 주어와 목적어가 서로 바뀌기 때문이지요. 그럼, 좀 더 자세히 살펴볼까요?

문형 :	Me		gusta	el fútbol.	
문법상 :	간접목적대명사	+	동사	+ 주어	[나에게 + 마음에 든다 + 축구가]
해석상 :	주어	+	동사	+ 목적어	[나는 + 좋아한다 + 축구를]

이때 문법상 목적어는 목적대명사(직접 또는 간접)의 형태가 되어야 한다는 점에 주의하세요.
그리고 만약 해석상의 주어(목적대명사)를 좀 더 강조하고 싶을 때는 앞에 'a + 주어(중복형)'를 한 번 더 써 주면 됩니다.

A mí	me			
A tí	te		muchísimo	
A Ud. / él / ella	le	gusta(n)	mucho	la(s) novela(s).
A nosotros/as	nos		bastante	
A vosotros/as	os		un poco	
A Uds. / ellos / ellas	les			
a+주어(중복형)	목적대명사	동사	부사	주어

그 외에 몇 가지를 정리해 보면,
첫째, 문법상의 주어로 올 수 있는 것들은 명사, 동사 원형, 명사상당어구, 문장 등입니다.
둘째, 문법상의 주어가 복수인 경우 동사는 자연히 복수가 됩니다.
예를 들어 '나는 소설들을 좋아한다'고 말하려면, '소설들'이 스페인어로 las novelas이므로 "Me gustan las novelas."가 되지요.
마지막으로, '부정문'은 목적대명사 앞에 no만 쓰면 됩니다.

A él no le gusta **nada el tenis.** 그는 테니스를 전혀 좋아하지 않는다.
<u>주어</u>

Nos gusta **un poco tomar el sol.** 우리는 일광욕을 조금 좋아한다.
<u>주어</u>

Te gustan **las películas francesas.** 너는 프랑스 영화들을 좋아한다.
<u>주어</u>

II. 형용사의 절대최상급

형용사의 끝에 '-ísimo'를 붙여 '매우 ~한'이라는 의미를 만드는 것을 말합니다. 결국 'muy + 형용사'와 같은 뜻이 되지요. 단, 수식하는 단어와 성과 수를 일치시켜야 한다는 점, 유의하시기 바랍니다.

1. 모음으로 끝나는 형용사는 모음을 떼고 + -ísimo

hermoso 아름다운 → hermos**ísimo** 매우 아름다운
Disfrutamos de hermosísimos paisajes en los Alpes.
우리는 알프스에서 매우 아름다운 풍경들을 즐긴다.

＊이때 hermosísimos가 명사 paisajes 앞에 온 이유는, 매우 아름답다는 것이 일종의 주관적 생각 또는 개인의 강렬한 감정의 표현이므로, 전치형 형용사의 용법에 의한 것입니다.

2. 자음으로 끝나는 형용사는 그대로 + -ísimo

fácil 쉬운 → facil**ísimo** 매우 쉬운
Este ejercicio es facilísimo. 이 연습 문제는 매우 쉽다.

III. 전화를 위한 회화

¿Diga? 여보세요? (받을 때)
¿Oiga? 여보세요? (걸 때)
¿Qué teléfono tiene Ud.? 전화번호가 뭐지요?
¿Con quién hablo? 누구세요?
¿De parte de quién? 어디시죠?
Está equivocado(a). 전화 잘못 걸었어요.
Un momento. 잠깐만요.

Diálogos
실전 회화

회화 연습1

A ¿Qué música te gusta más?
B Me gusta el rock.
A A mí, nada. Pero, el blues, sí, me gusta muchísimo.
B ¡Qué romántico eres!

A 너는 어떤 음악을 제일 좋아하니?
B 난 록을 좋아해.
A 난 전혀 좋아하지 않아.
　 하지만 블루스는 꽤 좋아해.
B 너 로맨티스트구나!

회화 연습2

A ¿Qué vamos a comer hoy, churrasco o pescado?
B A mí me gusta el pescado.
A A mí, también.
B Entonces, vamos a buscar un buen restaurante de pescado.

A 우리 오늘 뭘 먹을까, 숯불고기 아니면 생선?
B 난 생선을 좋아해.
A 나도 그래.
B 그렇다면 생선요리를 잘하는 식당을 찾도록 하자.

Vocabulario

회화 연습1
más (adv) 더 많이, 보다 더
rock (m) (음악) 록
nada (adv) 전혀 ~하지 않다
blues (m) (음악) 블루스
romántico (m) 로맨티스트, 낭만주의자

회화 연습2
pescado (m) 생선
buscar (v) 찾아다니다, 추구하다
de (prep) ~의, ~에 대한

Vamos a escribir
따라 쓰기

> **회화 연습1**

¿Qué música te gusta más?
너는 어떤 음악을 제일 좋아하니?

Me gusta el rock.
난 록을 좋아해.

A mí, nada. Pero, el blues, sí, me gusta muchísimo.
난 전혀 좋아하지 않아. 하지만 블루스는 꽤 좋아해.

¡Qué romántico eres!
너 로맨티스트구나!

> **회화 연습2**

¿Qué vamos a comer hoy, churrasco o pescado?
우리 오늘 뭘 먹을까, 숯불고기 아니면 생선?

A mí me gusta el pescado.
난 생선을 좋아해.

A mí, también.
나도 그래.

Entonces, vamos a buscar un buen restaurante de pescado.
그렇다면 생선요리를 잘하는 식당을 찾도록 하자.

Ejercicios
연습 문제

I. 보기와 같이 질문에 답하세요.

> ¿Te gusta la ópera? (No / aburrida)   너는 오페라를 좋아하니?
> No, no me gusta porque es aburrida.   아니, 나는 지루해서 좋아하지 않아.

1. ¿Le gusta a Ud. el chocolate? (No / dulce)   당신은 초콜릿을 좋아하세요?

2. ¿Te gusta Ricky Martin? (Sí / guapo)   너는 리키 마틴을 좋아하니?

3. ¿Os gusta la comida china? (Sí / deliciosa)   너희는 중국 음식을 좋아하니?

4. ¿Les gusta a los niños la pintura abstracta? (No / difícil de entender)
   아이들은 추상화를 좋아하니?

5. ¿Les gustan a Uds. las películas policíacas? (Sí / interesantes)
   당신들은 탐정 영화들을 좋아하세요?

Vocabulario

aburrida [a] (형용사 aburrido의 여성형) 따분한
dulce [a] 달콤한
abstracta [a] (형용사 abstracto의 여성형) 추상적인
difícil [a] 어려운
entender [v] 이해하다, 납득하다
policíaca [a] (형용사 policíaco의 여성형) 탐정의 / la novela policíaca 탐정소설

정답 1. No, no me gusta porque es dulce. 2. Sí, me gusta porque es guapo. 3. Sí, nos gusta porque es deliciosa.
4. No, no les gusta porque es difícil de entender. 5. Sí, nos gustan porque son interesantes.

II. 밑줄 친 말을 절대최상급으로 바꿔 보세요.

1. **La flor es muy hermosa.** 그 꽃은 매우 아름답다.

    → _____

2. **La casa es muy grande.** 그 집은 매우 크다.

    → _____

3. **Los chicos son muy altos.** 그 소년들은 매우 키가 크다.

    → _____

4. **El río es muy largo.** 그 강은 매우 길다.

    → _____

5. **Los ejercicios son muy fáciles.** 그 연습 문제들은 매우 쉽다.

    → _____

Vocabulario

río ⓜ 강   largo ⓐ 긴   fácil ⓐ 쉬운

정답 1. hermosísima 2. grandísima 3. altísimos 4. larguísimo 5. facilísimos

III. 해당 그림을 보고 알맞은 대화 내용의 스페인어 표현을 찾아 보세요.

1. A: Me gusta la música clásica.   난 클래식 음악을 좋아해.

   B: _____

2. A: ¿Te gusta la pizza?   넌 피자를 좋아하니?

   B: _____

3. A: ¿No le gusta el pescado?   당신은 생선을 좋아하지 않으세요?

   B: _____

4. A: No me gusta nada la cerveza.   난 맥주를 전혀 좋아하지 않아.

   B: _____

5. A: A mí no me gusta el golf.   저는 골프를 좋아하지 않아요.

   B: _____

   A. No, no me gusta. 아니, 난 좋아하지 않아.
   B. Pues, a mí, sí. 글쎄, 난 좋아해.
   C. A mí, también. 나도 좋아해.
   D. A mí, tampoco. 저도 좋아하지 않아요.
   E. Sí, me gusta muchísimo. 네, 저는 매우 좋아해요.

Vocabulario

cerveza [f] 맥주   **golf** [m] 골프

정답 1. C   2. A   3. E   4. B   5. D

Lección 21

¿Cuánto es este sombrero?

이 모자는 얼마입니까?

어느 나라나 '벼룩시장'이 있습니다. 사실 외국 여행의 기념품이라면 단연 그 나라 토속품(artesanía)이 최고일 거예요. 그런데 그런 희귀한 토속품은 유명 백화점이나 명품관보다는 시장 한 모퉁이 구석진 자리에서 더 많이 발견할 수 있다는 데 그 묘미가 있습니다. 꾀죄죄한 아이들의 손에, 히피족 같은 사람들이 만들어 들고 나온 물건들 중에 다른 어느 곳에서도 찾아볼 수 없는 유일무이한 걸작들이 있으니까요. 특히 중남미의 토속품 재래시장에 가 보면 물건들의 화려한 색채에 눈과 마음을 빼앗기고 말지요. 언뜻 보면 여러 가지 색깔이 뒤죽박죽 섞인 것 같아도, 보면 볼수록 아름다운 조화에 찬탄을 금할 수가 없답니다. 그래도 물건을 살 때는 냉정을 찾아 "¿Puede rebajarme un poco?" (조금 싸게 해주시겠어요?)하면서 가격을 깎아야 해요. 외국인이라고 바가지 요금을 부르는 경우가 많거든요.

Atención

기본 회화

A ¿Cuánto es este sombrero?

B Son 5 euros.

A 이 모자는 얼마지요?
B 5유로입니다.

A ¿Tienen otro bolso más barato que este?

B Sí. Mire, este.

A 이것보다 더 싼 다른 가방이 있나요?
B 네. 자, 이것입니다.

Vocabulario

sombrero ⓜ 모자
euro ⓜ 유로화(유럽 공동체의 화폐 단위)
bolso ⓜ 가방
barato ⓐ 가격이 싼
mire ⓥ (동사 mirar의 접속법 현재 3인칭 단수 변화형. 여기서는 명령형) 바라보다

Gramática
문법

I. 비교급

비교급은 크게 동등 비교, 우등 비교, 열등 비교로 나뉩니다. 이 모든 경우들이 명사, 형용사, 부사적 차원에서 비교될 수 있는데, 명사와 형용사의 경우, 주어와 성·수 일치를 해야 한다는 점을 유의해야 합니다.

1. 동등 비교 : tan A como B [B만큼 A한]

Esta falda es tan bonita como la tuya.
이 치마는 네 것만큼이나 예쁘다.

Eres tan gracioso que mi hijo.
너는 내 아들만큼이나 재미있는 사람이다.

2. 우등 비교 : más A que B [B보다 더 A한]

En la ciudad necesitan más dinero que en el pueblo.
도시에서는 시골에서보다 돈이 더 필요하다.

Juan es más fuerte que Luis.
후안은 루이스보다 더 강하다.

3. 열등 비교 : menos A que B [B보다 덜 A한]

Pedro corre menos rápido que Ana.
페드로는 아나보다 덜 빨리 달린다.

Ud. tiene menos libros que yo.
당신은 나보다 책을 적게 가지고 있다.

II. 가격 묻기

가격을 묻는 동사로는 ser, valer, costar 등이 있습니다. 다음의 세 가지 표현은 모두 "얼마입니까?"라는 뜻입니다.

¿**Cuánto es?** 얼마입니까?
¿**Cuánto vale?** 얼마입니까? (가치)
¿**Cuánto cuesta?** 얼마입니까? (비용)

¿Cuánto vale **esta camisa?** 이 셔츠는 가격이 얼마예요?
Vale 15 euros. 15유로예요.

¿Cuánto cuesta **esto?** 이거 얼마예요?
Cuesta 20 euros. 20유로예요.

III. 색깔

blanco	흰색	verde	녹색
gris	회색	azul	파란색
amarillo	노란색	violeta	보라색
rosado	분홍색	marrón	밤색
rojo	빨강색	negro	검은색

El cielo está gris. 하늘이 흐리다.
La casa es blanca. 그 집은 하얗다.
El sombrero es blanco. 그 모자는 하얗다.
Las flores son amarillas. 꽃들은 노랗다.
Los ojos de ella son azules. 그녀의 눈은 푸른색이다.

Diálogos
실전 회화

회화 연습1

A ¡Hola! Su Young! ¿Qué te pongo?
B Dos kilos de manzanas, por favor.
A ¿De cuáles te pongo?
B De las rojas.
A ¿Quieres algo más?
B No, ya está. ¿Cuánto es?

A 안녕, 수영! 뭘 줄까?
B 사과 2킬로만 주세요.
A 어떤 것으로 줄까?
B 빨간 것으로 주세요..
A 원하는 게 더 있니?
B 아뇨, 됐어요. 얼마예요?

회화 연습2

A Me quedan pequeños estos zapatos marrones. ¿Tienen otro número más grande?
B Sí, estos negros. Son más caros que los marrones.
A Pero estos tienen un tacón bastante alto.
B Pues... ¿Qué le parecen estos grises? Son muy cómodos y no tan caros como los negros.
A No, no me gustan. Lo siento, gracias.

A 이 갈색 구두는 제게 작아요. 다른 큰 사이즈가 있나요?
B 네, 이 검은색 구두입니다. 갈색 구두보다 더 비쌉니다.
A 하지만 이건 굽이 상당히 높네요.
B 그렇다면 이 회색 구두는 어떠세요? 아주 편한 신발이고 검은색만큼 비싸지도 않아요.
A 아뇨, 마음에 들지 않아요. 죄송해요, 감사합니다.

Vocabulario

회화 연습1
manzana (f) 사과
algo (pron) 어떤 것(영어의 something에 해당)

회화 연습2
pequeño (a) 작은
zapato (m) 구두
marrón (a) 갈색의 (m) 갈색
número (m) 치수, 수
más grande 더 큰
caro (a) 비싼
tacón (m) (구두의) 굽
parecen (v) (동사 parecer의 3인칭 복수 현재형) ~인 것 같다, ~처럼 보이다
gris (a) 회색의 (m) 회색
cómodo (a) 편안한

Vamos a escribir
따라 쓰기

회화 연습1

¡Hola! Su Young! ¿Qué te pongo?
안녕, 수영! 뭘 줄까?

Dos kilos de manzanas, por favor.
사과 2킬로만 주세요.

¿De cuáles te pongo?
어떤 것으로 줄까?

De las rojas.
빨간 것으로 주세요.

¿Quieres algo más?
원하는 게 더 있니?

No, ya está. ¿Cuánto es?
아뇨, 됐어요. 얼마예요?

회화 연습2

**Me quedan pequeños estos zapatos marrones.
¿Tienen otro número más grande?**
이 갈색 구두는 제게 작아요. 다른 큰 사이즈가 있나요?

Sí, estos negros. Son más caros que los marrones.
네, 이 검은색 구두입니다. 갈색 구두보다 더 비쌉니다.

Pero estos tienen un tacón bastante alto.
하지만 이건 굽이 상당히 높네요.

**Pues... ¿Qué le parecen estos grises?
Son muy cómodos y no tan caros como los negros.**
그렇다면 이 회색 구두는 어떠세요? 아주 편한 신발이고 검은색만큼 비싸지도 않아요.

No, no me gustan. Lo siento, gracias.
아뇨, 마음에 들지 않아요. 죄송해요, 감사합니다.

Ejercicios
연습 문제

I. 빈칸에 알맞은 말을 아래에서 골라 넣어 A와 B의 대화를 완성하세요.

1. **A: Buenos días,** _____
   안녕하세요,

2. **B:** _____ **¿Cómo están?**
   상태가 어떤가요?

3. **A: Muy buenas.** _____
   아주 좋아요.

4. **B: No, ya está.** _____
   아니요, 됐습니다.

5. **A:** _____

A. **¿Algo más?** 더 필요하신 것 있나요?
B. **¿Cuánto vale?** 얼마예요?
C. **Son setenta y cinco pesos.** 65페소입니다.
D. **¿Qué le pongo?** 뭘 드릴까요?
E. **Dos kilos de naranjas.** 오렌지 2킬로요.

정답 1. D 2. E 3. A 4. B 5. C

II. 다음 그림을 보고 알맞은 비교문을 만들어 보세요.

1.

Paco es _____ alto _____ Carlos.

파코는 카를로스보다 덜 크다.

2.

Pilar es _____ gorda _____ Beatriz.

필라르는 베아트리스보다 더 뚱뚱하다.

3.

Juan es _____ simpático _____ Mario.

후안은 마리오만큼 친절하다.

4.

Pedro es _____ inteligente _____ Nacho.

페드로는 나초보다 덜 똑똑하다.

Nacho   Pedro

5.

Iñés es _____ bonita _____ Mónica.

이녜스는 모니카보다 더 예쁘다.

Iñés   Mónica

Vocabulario

gorda ⓐ (형용사 gordo의 여성형) 뚱뚱한, 살찐

정답 1. menos, que 2. más, que 3. tan, como 4. menos, que 5. más, que

Lección 22

¿A qué hora te levantas?

너는 몇 시에 일어나니?

스페인의 여름은 정말 길지요. 밤 9시가 되어야 어둠이 깔리기 시작하니 사람들의 하루 일과는 여유, 그 자체입니다. 시내 거리의 테라스, 솔 광장 근처 동굴 속의 바, 선술집들에서는 그 밤도 못내 아쉬운 젊은이들과 이른바 '낭만족'들이 이야기꽃을 피우며 밤을 새는 광경을 허다히 보게 됩니다. 시원한 과일 화채가 섞인 Sangría(포도주)에 얇은 Jamón Serrano(햄)를 곁들인 맛이란! 지금도 아코디언을 켜면서 손님들을 즐겁게 맞이하는 노장 연주자들을 만날 수 있는 세계가 바로 그 속에 존재하지요. 극장은 여전히 고색창연한 풍채를 자랑하며 번화한 마드리드 시가지 중심에 서 있고, 한때는 정장 차림의 노신사가 손전등을 들고 좌석을 안내해 주었는데, 지금도 그런 영화관에서 영화를 감상할 수 있을는지……. 과거와 현재가 동시에 살아 숨쉬는 마드리드의 여름 밤은 그렇게 깊어 갔습니다.

Atención

기본 회화

A ¿A qué hora te levantas?

B Generalmente me levanto a las seis y media.

> A 너는 몇 시에 일어나니?
> B 보통 6시 반에 일어나.

A ¿Por qué no se quita Ud. el abrigo? Hace calor, ¿verdad?

B No, no me lo quito porque tengo frío.

> A 외투를 벗는 게 어떠세요? 날씨가 더운데, 그렇죠?
> B 아뇨, 전 추워서 안 벗을래요.

Vocabulario

levantas v (동사 levantar의 2인칭 단수 현재형) 일으키다 / 여기서는 재귀동사형인 levantarse를 써서 '일어나다'라는 의미로 사용됨.

generalmente adv 일반적으로

quita v (동사 quitar의 3인칭 단수 현재형) ~을 벗기다 / 여기서는 재귀동사형인 quitarse를 써서 '벗다'라는 의미로 사용됨.

abrigo m 외투

Gramática
문법

I. 재귀대명사 se와 재귀동사

스페인어에 있어서 재귀동사라는 것은 동사 원형에 se라는 재귀대명사를 붙인 형태를 말합니다. 이 se는 영어의 oneself의 뜻을 가지고 있으므로, 동사 원형에 se가 동반되면 '주어는 주어 자신에게 ~한다'라는 의미가 됩니다. 다시 말해, '나는 나를 ~한다', '너는 너에게 ~을 한다'식으로 주어 자신이 직접목적어, 또는 간접목적어가 되는 것입니다. 대부분의 동사가 필요에 따라 재귀동사로, 또는 일반동사로 쓰일 수 있기 때문에 언제나 재귀의 의미로만 쓰이는 동사는 오히려 극소수에 해당합니다.

1. 재귀대명사의 변화표

재귀대명사 se는 주어에 따라 인칭 변화를 합니다.

	단수		복수	
1인칭	yo	me	nosotros/as	nos
2인칭	tú	te	vosotros/as	os
3인칭	Ud. / él / ella	se	Uds. / ellos / ellas	se

그럼 levantarse(일어나다)라는 동사로 문장을 만들어볼까요? 재귀대명사 se와 동사가 함께 주어에 따라 변화를 하게 되고, 이때 변화된 재귀대명사의 위치는 동사 앞이 됩니다.

	단수		복수	
1인칭	yo	me levanto	nosotros/as	nos levantamos
2인칭	tú	te levantas	vosotros/as	os levantáis
3인칭	Ud. / él / ella	se levanta	Uds. / ellos / ellas	se levantan

Yo me levanto tarde. 나는 늦게 일어난다.
Tú te levantas a las siete. 너는 7시에 일어난다.

2. 재귀대명사의 문장 내 위치

> 재귀대명사 + 간접목적대명사 / 직접목적대명사 + 동사

재귀동사 quitarse(벗다)를 가지고 재귀동사가 쓰인 문장을 살펴보도록 합시다. 주어 Yo는 생략되었고, '재귀대명사 + 직접목적대명사 + 동사'의 어순을 볼 수 있습니다.
부정문의 경우, 일반적으로 부정어 No는 문장 제일 앞에 위치합니다.

No **me** **lo** **quito.** 나는 그것을 벗지 않는다.
　　재귀대명사　직접목적대명사　동사

한 문장에서 위의 세 가지 대명사가 동시에 다 나오는 경우는 없습니다. 직접 아니면 간접목적대명사 중 하나가 나오지요. 아무튼 올바른 언어 구사를 위해서는 순서와 위치를 잘 알아야 합니다.

3. 가장 많이 쓰이는 재귀동사들

기본적인 스페인어 회화에 필요한 재귀동사들입니다.

levantarse	일어나다	me levanto, te levantas, se levanta, nos levantamos, …
ducharse	샤워하다	me ducho, te duchas, se ducha, nos duchamos, …
bañarse	목욕하다	me baño, te bañas, se baña, nos bañamos, …
secarse	말리다	me seco, te secas, se seca, nos secamos, …
ponerse	(옷을) 입다	me pongo, te pones, se pone, nos ponemos, …
quitarse	(옷을) 벗다	me quito, te quitas, se quita, nos quitamos, …
acostarse	잠자리에 들다	me acuesto, te acuestas, se acuesta, nos acostamos, …

Me levanto a las 6 de la mañana. 나는 아침 6시에 일어난다.

La chica siempre **se pone** las gafas. 그 소녀는 항상 안경을 쓴다.

Mis padres **se acuestan** muy temprano. 우리 부모님은 매우 일찍 잠자리에 드신다.

247

Diálogos
실전 회화

회화 연습1

A ¿Qué corbata quieres ponerte?
B Voy a ponerme esta azul.
A ¿No te gusta la verde a rayas?
B A ver... No está mal. Si quieres, me la pongo.

A 어떤 넥타이를 매고 싶어요?
B 이 푸른색으로 하고 싶은데.
A 줄무늬가 있는 초록색 넥타이는 싫어요?
B 글쎄, 어디 볼까…… 나쁘진 않아. 당신이 원한다면 그것으로 하지.

회화 연습2

A ¿A qué hora se acuesta Ud.?
B Depende... pero normalmente antes de las doce. ¿Y Ud.?
A Yo me acuesto siempre a las diez porque me gusta levantarme temprano.
B ¡Qué bien! Tiene una buena costumbre.

A 당신은 몇 시에 잠자리에 들어요?
B 상황에 따라 다른데…… 하지만 보통 12시 전에는 자요. 당신은요?
A 저는 항상 10시에 자러 가요. 왜냐하면 일찍 일어나는 걸 좋아하거든요.
B 좋지요! 아주 좋은 습관을 가지고 계시는군요.

Vocabulario

회화 연습1
corbata (f) 넥타이
azul (a) 푸른, 청색의 (m) 푸른색
verde (a) 녹색의 (m) 녹색, 초록색
raya (f) 줄, 선 / a rayas 줄무늬의

회화 연습2
depende (v) (depender의 3인칭 단수 현재형) 의존하다, ~에 달려 있다 / depende de + 명사/구 : ~에 달려 있다
normalmente (adv) 일반적으로, 보통
costumbre (f) 습관, 관습

Vamos a escribir
따라 쓰기

회화 연습1

¿Qué corbata quieres ponerte?
어떤 넥타이를 매고 싶어요?

Voy a ponerme esta azul.
이 푸른색으로 하고 싶은데.

¿No te gusta la verde a rayas?
줄무늬가 있는 초록색 넥타이는 싫어요?

A ver... No está mal. Si quieres, me la pongo.
글쎄, 어디 볼까……. 나쁘진 않아. 당신이 원한다면 그것으로 하지.

회화 연습2

¿A qué hora se acuesta Ud.?
당신은 몇 시에 잠자리에 들어요?

Depende... pero normalmente antes de las doce. ¿Y Ud.?
상황에 따라 다른데… … 하지만 보통 12시 전에는 자요. 당신은요?

Yo me acuesto siempre a las diez porque me gusta levantarme temprano.
저는 항상 10시에 자러 가요. 왜냐하면 일찍 일어나는 걸 좋아하거든요.

¡Qué bien! Tiene una buena costumbre.
좋지요! 아주 좋은 습관을 가지고 계시는군요.

Ejercicios
연습 문제

I. 다음 밑줄 친 곳에 알맞은 재귀대명사를 넣으세요.

1. Yo _____ levanto a las seis de la mañana. 나는 아침 6시에 일어난다.

2. Ellos _____ ponen el sombrero negro. 그들은 까만 모자를 쓴다.

3. Tú _____ quitas los zapatos. 너는 구두를 벗는다.

4. Ella _____ ducha por la mañana. 그녀는 아침에 샤워를 한다.

5. Nosotros _____ acostamos muy temprano. 우리는 매우 일찍 잠자리에 든다.

Vocabulario

negro [a] 검은   **temprano** [adv] 이른, 일찍

정답 1. me 2. se 3. te 4. se 5. nos

II. 다음의 문장들을 대명사를 이용하여 바꿔 쓰세요.

1. Nosotros nos lavamos las manos.　　우리는 손을 씻는다.

   → _____

2. La mujer se seca el pelo.　　그녀는 머리카락을 말린다.

   → _____

3. Mi padre se afeita la barba.　　나의 아버지는 수염을 면도한다.

   → _____

4. Yo me pongo las gafas.　　나는 안경을 쓴다.

   → _____

5. Tú te quitas el abrigo.　　너는 외투를 벗는다.

   → _____

Vocabulario

mano ⓕ 손　　　　　　pelo ⓜ 털, 머리카락　　　　barba ⓕ 수염
mujer ⓕ 여자, 아내　　afeitarse ⓥ 면도하다　　　abrigo ⓜ 외투

정답 1. Nosotros nos las lavamos.　2. La mujer se lo seca.　3. Mi padre se la afeita.
　　　　4. Yo me las pongo.　5. Tú te lo quitas.

Aroma de España 스페인의 향기

바르셀로나(Barcelona)

↑ 가우디의 Sagrada Familia 성당

바르셀로나에는 카탈로니아의 현대적 건축 양식-아르누보나 고딕, 무어 양식 등 다양한 스타일이 있으며 바르셀로나가 자랑하는 안토니 가우디 시대에 와서 절정을 이룹니다. 가우디의 뛰어나고 독특한 건축물은 사그라다 가족 성당(Sagrada Familia)과 구엘 공원(Parc Güell)에서 찾아볼 수 있으며, 피카소와 미로 박물관을 비롯, 세계적인 박물관도 빼놓을 수 없습니다. 바르셀로나 여행의 시작은 La Rambla와 Placa de Sant Josep Oriol, Placa Reial을 산책하는 것으로 시작됩니다. 시 북쪽에는 환상적인 구엘 공원이 있는데, 이곳은 가우디의 전성기를 대표하는 작품입니다. 이 곳의 이름은 가우디 후원자인 부유한 은행가 Eusebi Güell의 이름에서 따 온 것인데, 이곳을 놓친다면 바르셀로나를 여행했다고 할 수 없을 것입니다. 바르셀로나의 평화로운 고딕 성당 앞에는 매 일요일 정오 많은 관중들이 몰리는데, 이곳에서 전통적인 카탈란 춤인 사르다나(sardana)가 펼쳐지기 때문입니다.

Lección 23

Fui al río a pescar.

강으로 낚시를 하러 갔었어요.

"¿Qué tal el fin de semana?" (주말 어떻게 보냈나요?) 등의 질문은 쉽게 접할 수 있는 것들인데, 이때 항상 "Me quedé en casa todo el día." (하루종일 집에만 있었어요)라고 대답한다면 별로 매력적인 사람으로 보이지 않겠죠? 비즈니스, 학업, 또는 그밖의 이유로 스페인이나 중남미 중 어느 한 나라에 머물고 있다면, 조금만 용기를 내어 밖으로 나가 보세요. 어쩌면 엄청난 사건과 행운들이 당신을 기다리고 있을지도 모르잖아요?

말을 썩 잘하진 못한다 해도 그냥 혼자 한번 다녀보는 거예요. 새로운 세계를 호흡할 수 있는 좋은 기회가 될 것입니다. 지나가는 사람들의 기분 좋은 눈인사, 낯선 도시의 냄새. 어느 한 순간 그 모든 것들이 친근하게 다가올 테니까요.

Atención

기본 회화

A ¿Qué hizo ayer, Sr. Kim?

B Fui al río a pescar con mi hijo.

   A 어제 무엇을 하셨나요, 김 선생님?
   B 아들과 함께 강에 낚시하러 갔었습니다.

A ¿A qué edad se casó Ud. con Angela?

B A los veintiocho años, me casé con ella.

   A 당신은 몇 살에 앙헬라와 결혼했나요?
   B 28살에 그녀와 결혼했지요.

Vocabulario

hizo ⓥ (동사 hacer의 부정과거 3인칭 단수 변화형) 하다, 만들다
fui ⓥ (동사 ir의 부정과거 1인칭 단수 변화형) 가다
río ⓜ 강(江)
pescar ⓥ 낚시하다
edad ⓕ 나이
casó ⓥ (동사 casar의 부정과거 3인칭 단수 변화형) ~을 결혼시키다 / 재귀동사 casarse 결혼하다

Gramática
문법

I. 부정과거

스페인어의 과거시제는 부정과거, 불완료과거, 과거완료, 이렇게 크게 세 가지로 나눌 수 있습니다. 그 중 가장 많이 쓰이고도 구별이 까다로운 것이 부정과거와 불완료과거의 용법입니다. (과거완료 용법은 영어와 비슷한데, 여기서는 언급하지 않기로 합니다.)
이 과에서 다루게 될 것은 부정과거로서, 아주 명확한 과거의 사실을 표현하며 주요 용법은 다음과 같습니다.

1. 부정과거의 용법

부정과거의 특징을 일명 '점(點)' 과거라고도 말해요. 다시 말해, 확실하면서 종결이 분명한 과거란 뜻이지요. 좀 더 자세히 설명하자면 다음과 같아요.

① ↓ : 일회성 과거, 또는 과거의 유일무이한 사건을 표현합니다.

    Nací en Madrid en 1990. 나는 1990년에 마드리드에서 태어났다.
    El me llamó ayer. 어제 그가 내게 전화를 했다.

② |↔| : 정해진 기간 동안 일어난 과거의 행위, 또는 시작은 모르지만 끝은 분명한 과거를 표현해요.

    Viví cinco años en París. 나는 5년 동안 파리에서 살았다.
    El fue profesor hasta 2020. 그는 2020년까지 교수였다.

2. 부정과거의 규칙 동사 변화

인칭		주어	ar 동사 어미	ar 동사 hablar	er / ir 동사 어미	er 동사 comer	ir 동사 vivir
단수	1	yo	-é	hablé	-í	comí	viví
	2	tú	-aste	hablaste	-iste	comiste	viviste
	3	Ud. / él / ella	-ó	habló	-ió	comió	vivió
복수	1	nosotros/as	-amos	hablamos	-imos	comimos	vivimos
	2	vosotro/as	-asteis	hablasteis	-isteis	comisteis	vivisteis
	3	Uds. / ellos / ellas	-aron	hablaron	-ieron	comieron	vivieron

* ser와 ir는 부정과거의 동사변화 형태가 같습니다. 문장 속의 내용으로 구별해야 하지요.

ser [~이다] : fui, fuiste, fue, fuimos, fuisteis, fueron
ir [가다] : fui, fuiste, fue, fuimos, fuisteis, fueron

El fue a la librería a comprar el diccionario de español.
그는 스페인어 사전을 사기 위해 서점으로 갔다.

El fue el primer alcalde de Bogotá.
그는 보고타의 첫 번째 시장이었다.

3. 주요 불규칙동사

인칭		주어	decir 말하다	hacer 하다	poder 할수있다	poner 놓다	tener 가지다	venir 오다
단수	1	yo	dije	hice	pude	puse	tuve	vine
	2	tú	dijiste	hiciste	pusiste	pusiste	tuviste	viniste
	3	Ud. / él / ella	dijo	hizo	pudo	puso	tuvo	vino
복수	1	nosotros/as	dijimos	hicimos	pudimos	pusimos	tuvimos	vinimos
	2	vosotros/as	dijisteis	hicisteis	pudisteis	pusisteis	tuvisteis	vinisteis
	3	Uds. / ellos / ellas	dijeron	hicieron	pudieron	pusieron	tuvieron	vinieron

4. 주로 부정과거를 이끄는 시제 부사어

ayer	어제	la semana pasada	지난주
anteayer	그저께	el año pasado	작년
anoche	어젯밤	hace un año	일 년 전

Ayer comí demasiado chocolate. 어제 나는 초콜릿을 너무 많이 먹었어.
El año pasado fue muy difícil. 작년은 정말 힘든 해였어.

Diálogos
실전 회화

회화 연습1

A ¿Qué tal el fin de semana?
B Pues ... bien, pero un poco cansado. Porque anoche llegué muy tarde a casa.
A ¿Por qué? ¿Qué hiciste ayer?
B Fui al Museo Reina Sofía con una amiga.
A ¿Qué hubo allí ayer?
B Hubo una exposición internacional de pintura. Fue fantástica.

A 주말 어떻게 지냈니?
B 뭐…… 좋았어, 하지만 조금 피곤했지. 왜냐하면 어젯밤에 집에 무척 늦게 왔거든.
A 왜? 어제 무엇을 했는데?
B 여자 친구랑 소피아 박물관엘 갔었어.
A 어제 거기서 뭐가 있었니?
B 국제미술박람회가 열렸어. 굉장했었지.

회화 연습2

A ¿Cuándo se mudaron a México?
B Nos mudamos hace dos años.
A ¿Por qué no se fue a España en vez de a México?
B Porque nos pareció un país muy interesante, además tenemos el negocio en la ciudad de México y en Guadalajara.

A 언제 멕시코로 이사하셨나요?
B 저희는 2년 전에 이주했어요.
A 멕시코 대신 왜 스페인으로 안 가셨어요?
B 왜냐하면 멕시코가 아주 흥미있는 나라로 여겨졌고, 게다가 멕시코시티와 구아달라하라에서 사업을 하고 있기 때문이죠.

Vocabulario

회화 연습1
anoche (adv) 지난밤에, 어젯밤에
amiga (f) 여자친구
exposición (f) 전시회, 박람회
internacional (a) 국제적인
fantástica (a) (형용사 fantástico의 여성형) 환상적인, 굉장한

회화 연습2
mudaron (v) (동사 mudar의 직설법 부정과거 3인칭 복수 변화형) 옮기다, 이주하다
hace (v) (동사 hacer의 3인칭단수 현재형) 하다, 만들다 / 여기서는 [hace... que~ : ~한 지 ... 되다]라는 기간을 말할 때 쓰는 특수용법.
en vez de ~대신에

pareció (v) (동사 parecer의 직설법 부정과거 3인칭 단수 변화형) ~인 것 같다
país (m) 나라, 국가
negocio (m) 사업

Vamos a escribir
따라 쓰기

회화 연습1

¿Qué tal el fin de semana?
주말 어떻게 지냈니?

Pues ... bien, pero un poco cansado. Porque anoche llegué muy tarde a casa.
뭐 …… 좋았어. 하지만 조금 피곤했지. 왜냐하면 어젯밤에 집에 무척 늦게 왔거든.

¿Por qué? ¿Qué hiciste ayer?
왜? 어제 무엇을 했는데?

Fui al Museo Reina Sofía con una amiga.
여자 친구랑 소피아 박물관엘 갔었어.

¿Qué hubo allí ayer?
어제 거기서 뭐가 있었니?

Hubo una exposición internacional de pintura. Fue fantástica.
국제미술박람회가 열렸어. 굉장했었지.

> **회화 연습2**

¿Cuándo se mudaron a México? 언제 멕시코로 이사하셨나요?

Nos mudamos hace dos años. 저희는 2년 전에 이주했어요.

¿Por qué no se fue a España en vez de a México? 멕시코 대신 왜 스페인으로 안 가셨어요?

Porque nos pareció un país muy interesante, además tenemos el negocio en la ciudad de México y en Guadalajara.
왜냐하면 멕시코가 아주 흥미있는 나라로 생각되었을 뿐만 아니라 멕시코시티와 구아달라하라에서 사업을 하고 있기 때문이죠.

Ejercicios

연습 문제

I. 다음 문장들을 부정과거 시제로 바꿔 보세요.

1. **Mi hermana está enferma.** 내 여동생은 아프다.
→ Ayer _____

2. **Hoy no podemos ir al teatro.** 오늘 우리는 연극 공연장에 갈 수 없다.
→ Anteayer _____

3. **Esta noche no sales con Gloria.** 오늘 밤 너는 글로리아와 데이트를 할 수 없다.
→ Anoche _____

4. **Esta semana tengo mucho trabajo.** 이번 주에 나는 일이 많다.
→ La semana pasada _____

5. **Muchos turistas vienen a México.** 많은 관광객들이 멕시코에 온다.
→ El año pasado _____

Vocabulario

hermana ⓕ 누이, 언니, 누나

정답 1. mi hermana estuvo enferma. 2. no pudimos ir al teatro.
　　　3. no saliste con Gloria. 4. tuve mucho trabajo.
　　　5. muchos turistas vinieron a México.

II. 보기와 같이 질문에 답해 보세요.

> ¿A dónde fuiste ayer? (ir al médico)   어제 너는 어디에 갔었니?
> **Fui al médico.**   병원에 갔었어.

1. ¿Qué comiste ayer en el restaurante? (carne asada)   어제 너는 레스토랑에서 무엇을 먹었니?

2. ¿A quién visitó Ud. ayer? (el director)   어제 당신은 누구를 방문하셨나요?

3. ¿Qué les dio a Uds. el profesor? (el libro)   교수님은 당신들에게 무엇을 주셨나요?

4. ¿Qué se puso mi madre ayer? (la falda roja)   나의 어머니는 어제 무엇을 입었나요?

5. ¿Dónde estuvieron ellos ayer? (en el parque nacional)   그들은 어제 어디에 있었니?

Vocabulario

carne asada 숯불구이

정답 1. Comí carne asada en el restaurante. 2. Visité al director.
3. El profesor nos dio el libro. 4. Su(Tu) madre se puso la falda roja.
5. Estuvieron en el parque nacional.

Aroma de España 스페인의 향기

세르반테스의 돈키호테

↑ 스페인 광장에 있는 Don Quijote와 Sancho Panza 동상

스페인 문학하면 돈키호테를 떠올릴 정도로 지금까지도 스페인 문단의 최고 걸작으로 손꼽습니다. 돈키호테는 미겔 데 세르반테스(Miguel de Cervantes, 1547~1616)의 작품으로 1편과 2편으로 구성되었는데 제 1편은 1605년 작가의 나이 57세에 출간되었으며, 제 2편은 1615년에 나왔는데 당시 작가는 죽기 1년 전인 67세였다고 합니다.

『돈키호테』의 정식 명칭은 『재치 발랄한 향사(鄕士)』로, 작가 자신이 "유행하고 있는 기사(騎士) 이야기의 인기를 타도하기 위한 것"이라고 밝힌 바와 같이, 당시 에스파냐에서 유행한 기사 이야기의 패러디에서 출발되었습니다. 이 작품의 중심은 돈키호테와 산초 판사의 두 성격의 창조로, 기사의 고매한 이상은 산초 판사의 실제적이고 비속한 물질주의와는 대조적이죠. 그러면서도 두 사람은 서로 보완하며, 인간성의 양면을 나타냅니다. 두 사람의 보편적인 인간성은 국적·인종·나이·성별을 초월하여 모든 사람에게 친근감과 공감을 불러일으켰습니다. 세르반테스는 셰익스피어와 함께 성격묘사의 요령을 알고 있는 보기 드문 작가라고 할 수 있습니다.

Lección 24
Cuando yo era niño, vivía en un pueblo.

어렸을 때 난 시골에서 살았어.

다른 사람에게 그 사람의 지난 시절을 물어본다면 그건 아마도 굉장한 개인적 관심을 표현하는 것이 될 겁니다. 상대가 어느 정도 나이가 있는 사람이라면 "Cuando yo era joven..." (왕년에 내가 말이지… …)하면서 장황한 스토리를 끄집어낼 거에요. 사람들은 대부분 자기 이야기를 하는 것에는 싫증 내지 않으니까요.

사람에게도 각기 다른 역사가 있는 것처럼 스페인과 중남미 대륙 역시 흥미진진한 Historia들이 있답니다. 그들의 역사를 안다면 그들을 더욱 잘 이해하게 될 거예요. 왜 여전히 스페인은 관광 대국인지, 왜 중남미 사람들은 영어 배우기에 그토록 관심이 없는지, 그리고 로드리고의 '알함브라 궁전의 추억'의 기타 선율은 그토록 애절하고 슬픈지를 말이에요.

Atención

기본 회화

A Cuando eras niño, ¿dónde vivías?

B Vivía en un pueblo del sur, cerca de Granada.

> **A** 어렸을 때, 넌 어디서 살았니?
> **B** 남쪽의 그라나다 근처에 있는 한 시골에서 살았어.

A Cuando estudiabas en España, ¿qué hacías en vacaciones?

B Casi siempre iba a la playa con mis amigos.

> **A** 너는 스페인에서 공부할 때, 휴가 때는 무엇을 했었니?
> **B** 거의 항상 친구들과 해변으로 놀러가곤 했어요.

Vocabulario

pueblo (m) 마을, 시골
sur (m) 남쪽
vacaciones (f) (pl) 휴가, 방학
casi (adv) 거의, 하마터면

Gramática
문법

I. 불완료과거

1. 불완료과거의 용법

'점(點)' 과거인 부정과거와 비교해볼 때, 불완료과거는 '선(線)' 과거라고 말할 수 있어요. 반복적이거나 연결성이 있는 과거의 동작들이기 때문이지요.

① ↓↓↓↓ : 여러번 반복되었던 과거의 규칙적이거나 불규칙적인 행위를 표현합니다.

Antes paseaba después de la cena. 옛날에 나는 저녁식사 후에 산책을 하곤 했었다.
A veces iba al cine yo solo. 가끔 혼자 영화관엘 가곤 했었다.

② ⟷ : 시작과 끝은 분명하지 않으나 지속성이 있는 과거의 동작을 표현합니다.

Cuando era niño, me gustaba pintar. 어렸을 때 나는 그림 그리는 것을 좋아했었다.

③ 부정과거의 일회성과 비교되는 개념으로, 진행되고 있던 과거의 동작을 표현합니다.

Cuando él llegó a casa, llovía mucho. 그가 집에 도착했을 때, 비가 많이 내리고 있었다.

2. 불완료과거의 규칙 동사 변화

	인칭	주어	ar 동사 어미	ar 동사 hablar	er / ir 동사 어미	er 동사 comer	ir 동사 vivir
단수	1	yo	-aba	hablaba	-ía	comía	vivía
	2	tú	-abas	hablabas	-ías	comías	vivías
	3	Ud. / él / ella	-aba	hablaba	-ía	comía	vivía
복수	1	nosotros/as	-ábamos	hablábamos	-íamos	comíamos	vivíamos
	2	vosotro/as	-abais	hablabais	-íais	comíais	vivíais
	3	Uds. / ellos / ellas	-aban	hablaban	-ían	comían	vivían

다행스럽게도 불완료과거의 동사변화는 ser와 ir, ver 동사를 제외하고는 모두 규칙 변화를 하지요.

ser [~이다] : era, eras, era, éramos, erais, eran
ir [가다] : iba, ibas, iba, íbamos, ibais, iban
ver [보다] : veía, veías, veía, veíamos, veíais, veían

3. 주로 불완료과거를 이끄는 시제 부사어

siempre	항상	antes	옛날에는
a veces	가끔	a menudo	자주
frecuentemente	빈번히	casi siempre	거의 언제나

Antes mi familia viajaba mucho. 예전에는 우리 가족은 여행을 많이 했다.

Cuando yo era joven, casi siempre **vivía en el país extranjero.**
내가 젊었을 때는, 거의 항상 외국에서 살았다.

Diálogos
실전 회화

회화 연습1

A Ayer cuando te llamé, no contestó nadie en casa. ¿Dónde estabas?
B ¡Ah! Yo estaba en el supermercado comprando algunas cosas porque tenía unos invitados para la cena.
A ¿Verdad? ¿Lo pasaron bien?
B Sí, estuvieron muy contentos, especialmente con las comidas coreanas.

A 어제 내가 너한테 전화했을 때 집에서 아무도 받질 않더라. 넌 어디 있었니?
B 아! 슈퍼마켓에서 뭘 좀 사고 있었는데 왜냐하면 저녁식사에 손님들을 초대했었거든.
A 그래? 재미있게 잘 보냈어?
B 응, 다들 아주 좋아했어, 특히 한국 음식에 만족해했지.

회화 연습2

A Cuando vivías en el pueblo, ¿cómo pasabas el tiempo?
B A veces íbamos a bañarnos en el río, otras veces corríamos por el campo.
¿A ti te gusta la vida en la ciudad?
A Sí, disfruto mucho de la vida ciudadana. Para mí, la vida en el campo es un poco aburrida.
B Para mí no tanto. Parece que es cuestión de acostumbrarse.

A 넌 시골에 살 때 어떻게 시간을 보냈니?
B 가끔은 강에 수영하러 갔고, 또 다른 때는 들판을 달리곤 했지.
너는 도시 생활이 마음에 드니?
A 응, 난 도시 생활을 아주 즐겨. 내게는 시골 생활이 조금 지루해.
B 난 그 정도는 아니야. 그건 습관 들이기의 문제인 것 같아.

Vocabulario

회화 연습1
llamé v (동사 llamar의 부정과거 1인칭 단수 변화형) 전화하다, 부르다
contestó v (동사 contestar의 부정과거 3인칭단수 변화형) 대답하다
nadie pron 아무도 ~하지 않다
invitado m 초대받은 사람
cena f 저녁식사

contento a 만족한, 즐거운

회화 연습2
a veces … otras veces … 가끔은 ~, 또 다른 때는 ~
disfruto v (동사 disfrutar의 1인칭 단수 현재형) 즐기다, 향유하다
ciudadana a (형용사 ciudadano의 여성형) 도시의

aburrida a (형용사 aburrido의 여성형) 지겨운, 지루한
piensa v (동사 pensar의 3인칭단수 현재형) 생각하다
cuestión f 질문, 문제
acostumbrarse v 습관을 들이다, 익숙해지다

Vamos a escribir

따라 쓰기

회화 연습1

Ayer cuando te llamé, no contestó nadie en casa. ¿Dónde estabas?
어제 내가 너한테 전화했을 때 집에서 아무도 받질 않더라. 넌 어디 있었니?

¡Ah! Yo estaba en el supermercado comprando algunas cosas porque tenía unos invitados para la cena.
아! 슈퍼마켓에서 뭘 좀 사고 있었는데 왜냐하면 저녁식사에 손님들을 초대했었거든.

¿Verdad? ¿Lo pasaron bien?
그래? 재미있게 잘 보냈어?

Sí, estuvieron muy contentos, especialmente con las comidas coreanas.
응, 다들 아주 좋아했어, 특히 한국 음식에 만족해했지.

269

회화 연습2

Cuando vivías en el pueblo, ¿cómo pasabas el tiempo?
넌 시골에 살 때 어떻게 시간을 보냈니?

A veces íbamos a bañarnos en el río, otras veces corríamos por el campo.
¿A ti te gusta la vida en la ciudad?
가끔은 강에 수영하러 갔고, 또 다른 때는 들판을 달리곤 했지. 너는 도시 생활이 마음에 드니?

Sí, disfruto mucho de la vida ciudadana.
Para mí, la vida en el campo es un poco aburrida.
응, 난 도시 생활을 아주 즐겨. 내게는 시골 생활이 조금 지루해.

Para mí no tanto. Parece que es cuestión de acostumbrarse.
난 그 정도는 아니야. 그건 습관 들이기의 문제인 것 같아.

Ejercicios

연습 문제

I. 괄호 안의 말을 참고하여 질문에 답해 보세요.

1. ¿Dónde vivías antes? (en el campo)   넌 전에 어디서 살았니? (시골에서)

2. ¿Cómo era su abuelo? (muy autoritario)   당신의 할아버지는 어떤 분이셨나요? (매우 권위적인)

3. ¿A dónde iban Uds. a pasear? (un parque cerca de casa)
   당신들은 산책하러 어디로 가시곤 했나요? (집 근처 공원으로)

4. ¿Cuántas horas dormías antes? (cinco horas)   넌 전에 몇 시간을 잤니? (5시간)

5. ¿Dónde trabajaba Ud. antes de venir aquí? (en una empresa extranjera)
   당신은 여기 오기 전에 어디서 일을 하셨나요? (외국 회사에서)

Vocabulario

antes adv 전에
abuelo m 할아버지
autoritario a 권위적인
dormías v (동사 dormir의 불완료과거 2인칭단수 변화형) 잠자다
empresa f 회사
extranjera a (형용사 extranjero의 여성형) 외국의, 낯선

정답 1. Vivía en el campo. 2. Mi abuelo era muy autoritario.
3. Ibamos a pasear por un parque cerca de casa. 4. Dormía cinco horas.
5. Trabajaba en una empresa extranjera.

II. 다음 문장들을 보기와 같이 불완료과거로 바꿔 보세요.

> **Ahora no tengo tiempo para viajar.**   지금 나는 여행할 시간이 없다.
> → **Antes tenía tiempo para viajar.**   전에는 여행할 시간이 있었다.

1. **Ahora Jaime no llama mucho a sus padres.**   지금 하이메는 부모님에게 전화를 많이 하지 않는다.
   → Antes _____

2. **Ahora no me visitan mis amigos.**   지금 내 친구들은 나를 방문하지 않는다.
   → Antes _____

3. **Hoy en día no duermen mucho la siesta.**   요즘은 낮잠을 많이 자지 않는다.
   → Antes _____

4. **Ya no soy actor de cine.**   이제 나는 영화배우가 아니다.
   → Antes _____

5. **No llevamos una vida tranquila.**   지금 우리는 조용한 삶을 누리지 못한다.
   → Antes _____

Vocabulario

siesta [f] 낮잠
llevar [v] 가지고 가다, (어떠한 삶을) 살다
tranquila [a] (형용사 tranquilo의 여성형) 조용한, 평온한

정답 1. Jaime llamaba mucho a sus padres. 2. me visitaban mis amigos.
3. dormían mucho la siesta. 4. era actor de cine.
5. llevábamos una vida tranquila.

Aroma de España 스페인의 향기

그라나다(Granada)

그라나다는 13~15세기 스페인의 이슬람 지배기인 무어왕국의 수도였으며 이베리아 반도에서 가장 아름다운 도시로 명성을 떨쳤었습니다. 오늘날 위대한 무어 유적의 본거지가 되고 있으며 가장 장엄한 건축물 중 하나인 알람브라(Alhambra) 궁이 이곳에 있습니다. 여기에 그라나다 남동부에 있는 시에라 네바다(Sierra Nevada) 산(스페인에서 가장 높은 산)과 그림같이 아름다운 알푸하라(Alpujarra) 계곡, 신비스러운 마을들이 그라나다의 매력을 더해주고 있습니다. 가장 위대한 이슬람 건축 예술의 정수인 알람브라는 그 웅장함과 아름다움에서 단연 돋보입니다. 알카사바(Alcazaba)는 11~13세기에 걸쳐 지어진 알람브라의 이슬람 요새로, 타워에서 내려다보는 도시전망이 매우 인상적입니다. 14~15세기 전성기 때 그라나다 통치자가 세운 왕궁(Casa Real)은 알람브라의 중심부로 돌세공이 섬세합니다. 마지막으로 헤네랄리페(Generalife)는 술탄의 여름 궁전으로 영혼을 달래는 알람브라 정원에 위치해 있으며, 휴식을 취하기에 최적의 장소입니다.

부록

01 ○ 주요 표현 정리
02 ○ 주요 동사 변화
03 ○ 연습 문제 정답 해석

Lección 1

주요 표현 정리

만났을 때의 인사	Buenos días. 안녕하세요. (아침 인사)
	Buenas tardes. 안녕하세요. (오후 인사)
	Buenas noches. 안녕하세요. (밤 인사)
헤어질 때의 인사	Adiós. 안녕, 잘 가요.
	Hasta mañana. 내일 만나요.
	Hasta luego. 다음에 봐요.
	Hasta la vista. 다시 만날 때까지 안녕.
감사의 인사	(Muchas) gracias. (대단히) 감사합니다.
부탁할 때	Por favor. 부탁합니다.
	Un café con leche, por favor. 밀크커피 한 잔, 부탁합니다.
상대의 요청에 즉시 대응할 때	Vale, en seguida. 네, 곧 가져오겠습니다.

주요 동사 변화   desear 원하다

yo	deseo	nosotros/as	deseamos
tú	deseas	vosotros/as	deseáis
Ud/él/ella	desea	Uds./ellos/ellas	desean

Lección 2

주요 표현 정리

안부를 물을 때	Hola, ¿cómo estás? 안녕, 요즘 어때?
	Buenos días, ¿qué tal? 안녕하세요, 어떻게 지내세요?
안부 인사에 답할 때	Bien. 잘 지내요.
	Muy bien. 아주 잘 지내요.
	Mal. 안 좋아요.
	Muy mal. 매우 좋지 않아요.
	Así, así. 그저 그래요.
	Nada de particular. (특별한 일 없이) 여느 때와 같아요.
동정 또는 유감을 표현하는 말	¡Qué lástima! 저런 유감이네요!
	¡Qué pena! 안됐네요!
관심을 표현할 때	¿Qué te pasa? 무슨 일이야?

주요 동사 변화   estar ~에 있다

yo	estoy	nosotros/as	estamos
tú	estás	vosotros/as	estáis
Ud./él/ella	está	Uds./ellos/ellas	están

Lección 3

주요 표현 정리

국적을 물을 때
¿De dónde es Ud.? 당신은 어느 나라 사람입니까?
¿Es Ud. español? 당신은 스페인 사람입니까?

국적을 말할 때
Soy coreano, de Seúl. 저는 서울에서 온 한국 사람입니다.

잘못된 내용을 수정할 때
No, soy mexicano. 아니요, 저는 멕시코 사람입니다.
No soy de Colombia. Soy peruano.
저는 콜롬비아 사람이 아닙니다. 페루 사람입니다.

주요 동사 변화 ser ~이다

yo	soy	nosotros/as	somos
tú	eres	vosotros/as	sois
Ud./él/ella	es	Uds./ellos/ellas	son

Lección 4

주요 표현 정리

이름을 물을 때
¿Cómo se llama Ud.? 당신의 성함은 무엇입니까?
¿Cómo te llamas? 너는 이름이 뭐니?
¿Es Ud. el señor Luis? 당신이 루이스 씨입니까?
Su nombre, por favor. 당신의 성함을 말씀해 주세요.

이름을 말할 때
Me llamo Marisol. 저는 마리솔입니다.
No, no soy Luis. Me llamo Antonio.
아니요, 저는 루이스가 아닙니다. 안토니오입니다.

표기법을 물을 때
¿Cómo se escribe? 어떻게 써요?

주요 동사 변화 llamarse ~라고 불리우다

yo	me llamo	nosotros/as	nos llamamos
tú	te llamas	vosotros/as	os llamáis
Ud./él/ella	se llama	Uds./ellos/ellas	se llaman

Lección 5

주요 표현 정리

직업을 물을 때
¿Qué es Ud.? 당신은 직업이 무엇입니까?
¿Qué haces tú? 너는 무슨 일을 하니?
¿A qué se dedica Ud.? 어떤 일에 종사하십니까?

거주지를 물을 때
¿Dónde vive Ud.? 당신은 어디에 삽니까?

주요 동사 변화   vivir 살다

yo	vivo	nosotros/as	vivimos
tú	vives	vosotros/as	vivís
Ud./él/ella	vive	Uds./ellos/ellas	viven

Lección 6

주요 표현 정리

사람의 성격을 물을 때
¿Cómo es Carlos? 카를로스는 어떤 사람입니까?
¿Es Alberto muy tímido? 알베르토는 매우 내성적입니까?

반대 의견을 제시할 때
No, al contrario. 아니요, 정반대입니다.

무관심을 표현할 때
¡Yo qué sé! 내가 알 게 뭐야!

주요 동사 변화   saber 알다

yo	sé	nosotros/as	sabemos
tú	sabes	vosotros/as	sabéis
Ud./él/ella	sabe	Uds./ellos/ellas	saben

Lección 7

주요 표현 정리

모르는 대상에 대해 질문할 때	¿Qué es esto / eso / aquello?	이게/그게/저게 무엇입니까?
	¿Quién es este / ese / aquel?	이 남자/그 남자/저 남자는 누구입니까?
사실 확인 또는 놀라움을 표현할 때	¿De veras?	진짜요?
처음 사람을 소개받았을 때	Mucho gusto.	만나서 반갑습니다.
방문한 사람들을 환영할 때	Bienvenidos a mi casa.	저희 집에 오신 것을 환영합니다.
초대에 감사를 표현할 때	Muchas gracias por la invitación.	초대해 주셔서 감사합니다.

주요 동사 변화   dar 주다

yo	doy	nosotros/as	damos
tú	das	vosotros/as	dais
Ud./él/ella	da	Uds./ellos/ellas	dan

Lección 8

주요 표현 정리

장소 또는 위치를 물을 때	¿Hay un bar por aquí cerca?	이 근처에 바가 있습니까?
	¿Dónde está la parada de autobús?	버스 정류장은 어디에 있습니까?
위치를 가르쳐줄 때	Aquí a la derecha / a la izquierda.	여기 오른쪽/왼쪽에 있어요.
	Sigues todo recto.	곧장 가세요.
	Coges la primera calle a la derecha.	오른쪽 첫 번째 거리로 가세요.

주요 동사 변화   seguir 계속하다

yo	sigo	nosotros/as	seguimos
tú	sigues	vosotros/as	seguís
Ud./él/ella	sigue	Uds./ellos/ellas	siguen

Lección 9

주요 표현 정리

목적지를 물을 때
¿A dónde va Ud.? 당신은 어디 가세요?
¿A dónde vas estas vacaciones? 너는 이번 방학에 어디 가니?

목적지를 알려줄 때
Voy a la oficina. 나는 사무실에 갑니다.
Voy a la Costa del Sol. 나는 코스타 델 솔에 갑니다.

주요 동사 변화   ir 가다

yo	voy	nosotros/as	vamos
tú	vas	vosotros/as	vais
Ud./él/ella	va	Uds./ellos/ellas	van

Lección 10

주요 표현 정리

가까운 미래나 예정에 대해 물을 때
¿Qué vamos a hacer este fin de semana?
우리 이번 주말에 무엇을 할까요?
¿Quién va a preparar la comida? 누가 식사를 준비할 겁니까?

예정이나 계획에 대해 말할 때
Vamos a dar una fiesta. 우리는 파티를 열려고 합니다.
Van a venir en autobus. 그들은 버스로 여기에 올 것입니다.

주요 동사 변화   tener 가지다

yo	tengo	nosotros/as	tenemos
tú	tienes	vosotros/as	tenéis
Ud./él/ella	tiene	Uds./ellos/ellas	tienen

Lección 11

주요 표현 정리

가능성을 물어볼 때	¿Puedes salir conmigo esta noche? 오늘 밤 나와 데이트할 수 있어요?
	¿Puedes venir conmigo? 나와 함께 갈 수 있어요?
이미 선약이 있을 때	Es que ya tengo otra cita. 벌써 다른 약속이 있어요.
상대의 제안에 기꺼이 동의할 때	Con mucho gusto. 기꺼이 하지요.
	Por supuesto. 물론입니다.
더 이상 뭔가를 할 수 없을 때	Ya no puedo más. 저는 이제 더 이상 안 되겠어요.

주요 동사 변화 venir 오다

yo	vengo	nosotros/as	venimos
tú	vienes	vosotros/as	venís
Ud./él/ella	viene	Uds./ellos/ellas	vienen

Lección 12

주요 표현 정리

초대 또는 제안을 할 때	¿Qué desea? 무엇을 원하십니까?
	¿Quieres tomar cerveza? 맥주를 마시고 싶니?
양자택일을 제안할 때	¿Quiere Ud. café o té? 당신은 커피 또는 차를 원하세요?
제안을 받아들일 때	Vale. 알았어요, OK.
	Bueno. 좋아요.
	Muy bien. 아주 좋아요.
	De acuerdo. 그렇게 하지요. (동의)
정중히 사양할 때	No, gracias. 아니요, 괜찮습니다.

주요 동사 변화 querer 좋아하다

yo	quiero	nosotros/as	queremos
tú	quieres	vosotros/as	queréis
Ud./él/ella	quiere	Uds./ellos/ellas	quieren

Lección 13

주요 표현 정리

소유인을 물어볼 때	¿De quién es este cuadro de Picasso? 이 피카소 그림은 누구의 것입니까?
	¿De quién es esta chaqueta? 이 재킷은 누구의 것입니까?
소유에 대한 질문에 답할 때	Es de mi profesor. 제 교수님의 것입니다.
	La grande es de Goya. 큰 것이 고야의 것(작품)입니다.
소유한 것에 대해 물어볼 때	¿Tiene hijos? 당신은 자녀가 있나요?
나이를 묻는 표현	¿Cuántos años tiene su hijo? 당신의 아들은 몇 살인가요?

주요 동사 변화　parecer　~인 것 같다

yo	parezco	nosotros/as	parecemos
tú	pareces	vosotros/as	parecéis
Ud./él/ella	parece	Uds./ellos/ellas	parecen

Lección 14

주요 표현 정리

개인적 의무를 표현할 때	Tienes que llegar a tiempo a la conferencia. 너는 제시간에 강연회에 도착해야 한다.
무인칭 의무를 표현할 때	Tienen que rellenar este formulario. 이 서식을 작성해야 합니다.
	Dicen que llueve esta tarde. 오늘 오후에 비가 온다고 합니다.
좋은 여행을 기원할 때	¡Que tenga(n) buen viaje! 좋은 여행 되세요!

주요 동사 변화　llegar　도착하다

yo	llego	nosotros/as	llegamos
tú	llegas	vosotros/as	llegáis
Ud./él/ella	llega	Uds./ellos/ellas	llegan

Lección 15

주요 표현 정리

날씨를 물어볼 때	¿Qué tiempo hace en Seúl? 서울은 날씨가 어때요?
	¿Qué tiempo hace en España en verano?
	스페인의 여름 날씨는 어때요?
날씨를 표현할 때	Hoy hace mucho calor / frío. 오늘 날씨가 무척 더워요/추워요.
	¡Qué calor! 정말 덥네요!
현재의 계절을 말할 때	Ya estamos en verano. 이제 여름이에요.

주요 동사 변화   necesitar 필요하다

yo	necesito	nosotros/as	necesitamos
tú	necesitas	vosotros/as	necesitáis
Ud./él/ella	necesita	Uds./ellos/ellas	necesitan

Lección 16

주요 표현 정리

시간을 물어볼 때	¿Qué hora es? 지금 몇 시입니까?
	¿Qué hora tiene Ud.? 지금 몇 시입니까?
시간을 말할 때	Son las nueve menos cuarto. 9시 15분 전입니다.
어떤 사건이 발생하는 시간을 물을 때	¿A qué hora es el cine? 영화가 몇 시에 시작합니까?
약속시간을 정할 때	¿A qué hora quedamos? 몇 시로 정할까요?
어떤 일을 제안할 때	¿Por qué no vamos juntos? 우리 함께 가는 게 어때요?

주요 동사 변화   quedar 머물다

yo	quedo	nosotros/as	quedamos
tú	quedas	vosotros/as	quedáis
Ud./él/ella	queda	Uds./ellos/ellas	quedan

Lección 17

주요 표현 정리

요일을 물어볼 때	¿Qué día es hoy?	오늘이 무슨 요일이에요?
날짜를 물어볼 때	¿Qué fecha es hoy?	오늘은 며칠이에요?
요일을 말할 때	Hoy es miércoles.	오늘은 수요일이에요.
날짜를 말할 때	Hoy es tres de junio.	오늘은 7월 3일이에요.
누군가를 진정시킬 때	Tranquilo(a).	진정하세요.

주요 동사 변화   olvidar 잊다

yo	olvido	nosotros/as	olvidamos
tú	olvidas	vosotros/as	olvidáis
Ud./él/ella	olvida	Uds./ellos/ellas	olvidan

Lección 18

주요 표현 정리

전화를 받을 때	¿Diga? / ¿Aló?	여보세요?
전화를 걸을 때	¿Oiga?	여보세요?
상대방 목소리가 안 들릴 때	No te(le) oigo bien.	잘 안 들려요.
자신의 의견을 말할 때	Creo que no puedo ir a la reunión.	난 오늘 모임에 못 갈 것 같아.
통화할 상대를 찾을 때	¿Puedo hablar con Clara?	클라라와 통화할 수 있을까요?
	¿Está en casa Felipe?	펠리페가 집에 있나요?

주요 동사 변화   creer 믿다

yo	creo	nosotros/as	creemos
tú	crees	vosotros/as	creéis
Ud./él/ella	cree	Uds./ellos/ellas	creen

Lección 19

주요 표현 정리

무언가를 빌릴 때	¿Me deja el periódico un momento? 신문 좀 잠깐 빌려주시겠어요?
상대가 원하는 대로 하기를 바랄 때	Como tú quieras. 좋을 대로 해. (친한 상대에게)
무관심을 표현할 때	Me da igual. 난 상관 없어요.
무언가를 건네주기를 요청할 때	¿Me puede pasar la sal, por favor? 제게 소금 좀 건네주시겠어요?
추천 받기를 원할 때	¿Qué plato puede recomendarme Ud.? 어떤 요리를 제게 추천하시겠어요?
충고 받고자 할 때	¿Qué me aconseja Ud.? 어떤 조언을 제게 주시겠어요?

주요 동사 변화   preferir ~을 더 좋아하다

yo	prefiero	nosotros/as	preferimos
tú	prefieres	vosotros/as	preferís
Ud./él/ella	prefiere	Uds./ellos/ellas	prefieren

Lección 20

주요 표현 정리

기호나 취향을 물을 때	¿Te gusta la música latina? 너 라틴 음악 좋아하니? ¿Qué música te gusta más? 어떤 음악을 제일 좋아하니?
좋아하지 않음을 표현할 때	A mí, no (me gusta) tanto. 난 그렇게 좋아하진 않아. A mí, (no me gusta) nada. 난 전혀 좋아하지 않아.
상대의 의견에 동의할 때	A mí, (me gusta) también. 나도 역시 좋아해.

주요 동사 변화   buscar 찾다, 구하다

yo	busco	nosotros/as	buscamos
tú	buscas	vosotros/as	buscáis
Ud./él/ella	busca	Uds./ellos/ellas	buscan

Lección 21

주요 표현 정리

물건 가격을 물을 때	¿Cuánto es este sombrero? 이 모자는 얼마지요?
다른 종류의 물건을 요구할 때	¿Tienen otro bolso más barato que este?
	이것보다 더 싼 다른 가방이 있나요?
권유를 사양할 때	No, ya está. 아니요, 됐어요. (괜찮아요.)
더 큰 치수를 물어볼 때	¿Tienen otro número más grande? 다른 큰 사이즈가 있나요?
어떤 사물에 대한 의견을 물어볼 때	¿Qué le parecen estos grises? 이 회색(물건)들은 어떠세요?
죄송함을 표현할 때	Lo siento. 죄송합니다.

주요 동사 변화 sentir 느끼다

yo	siento	nosotros/as	sentimos
tú	sientes	vosotros/as	sentís
Ud./él/ella	siente	Uds./ellos/ellas	sienten

Lección 22

주요 표현 정리

일과에 대해 물을 때	¿A qué hora te levantas? 너는 몇 시에 일어나니?
	¿A qué hora se acuesta Ud.? 당신은 몇 시에 잠자리에 듭니까?
의복착용에 대해 물을 때	¿Qué corbata quieres ponerte? 어떤 넥타이를 매고 싶어?
	¿Por qué no se quita Ud. el abrigo? 외투를 벗는 게 어떠세요?

주요 동사 변화 poner 놓다

yo	pongo	nosotros/as	ponemos
tú	pones	vosotros/as	ponéis
Ud./él/ella	pone	Uds./ellos/ellas	ponen

Lección 23

주요 표현 정리

과거의 행위를 물어볼 때
¿Qué hizo ayer, Sr. Kim? 어제 무엇을 하셨어요, 김 선생님?
A los veintiocho años, me casé con ella. 28살에 난 그녀와 결혼했다.

나이에 대해 말할 때
a los siete años 일곱 살에
a los treinta años 서른 살에

주요 동사 변화 salir 나가다

yo	salgo	nosotros/as	salimos
tú	sales	vosotros/as	salís
Ud./él/ella	sale	Uds./ellos/ellas	salen

Lección 24

주요 표현 정리

불특정시간의 과거사실에 대해 물을 때
Cuando eras niño, ¿dónde vivías? 어렸을 때, 넌 어디서 살았니?
¿Qué hacía en vacaciones? 휴가 때는 무엇을 하곤 했었니?

과거의 습관적 행위에 대해 말할 때
Casi siempre iba a la playa. 거의 항상 해변으로 놀러 가곤 했어요.

과거의 불규칙적인 습관에 대해 말할 때
A veces íbamos a bañarnos en el río, otras veces corríamos por el campo.
우리는 가끔 강에 수영하러 갔고, 또 어떤 때는 들판을 달리곤 했어요.

주요 동사 변화 pensar 생각하다

yo	pienso	nosotros/as	pensamos
tú	piensas	vosotros/as	pensáis
Ud./él/ella	piensa	Uds./ellos/ellas	piensan

연습 문제 정답 해석

Lección 1

I 1. 의사
　　2. 방
　　3. 코
　　4. 종류
　　5. 주제

II 1. 사무실
　　2. 사촌
　　3. 건강
　　4. 쌀
　　5. 거리

III 1. 꽃들
　　2. 정원들
　　3. 방들
　　4. 주제들
　　5. 피부들

IV 1. 안녕하세요! (아침 인사)
　　2. 안녕하세요! (저녁 인사)
　　3. 부탁합니다. (영어의 Please에 해당)
　　4. (물건을 건네주면서) 여기 있어요.
　　5. 내일 만나요.

Lección 2

I 1. 안녕, 넌 어떻게 지내?
　　2. 안녕하세요, 당신은 어떻게 지내세요?
　　3. 안녕, 너희는 어떻게 지내?
　　4. 안녕하세요, 후안과 카르멘, 어떻게 지내요?
　　5. 안녕, 너와 베아트리스는 어떻게 지내?

II 1. 아니, 난 수업 중이 아니야.
　　2. 응, 그들은 공원에 있어.
　　3. 네, 우리는 고야 거리에 있어요.
　　4. 아니, 우리는 사무실에 있지 않아.
　　5. 네, 포도주는 테이블에 있어요.

III 1. 저는 즐거워요.
　　2. 우리는 바빠요.
　　3. 부엌은 더러워.
　　4. 개는 아파.
　　5. 커피는 뜨거워.

Lección 3

I 1. 나는 학생이다.
　　2. 너는 교수다.
　　3. 그녀는 피아니스트다.
　　4. 당신은 비서다.
　　5. 우리는 관광객이다.

II 1. 그는 이탈리아 사람이에요.
　　2. 나는 중국 사람이야.
　　3. 그녀는 스페인 사람이에요.
　　4. 그들은 독일 사람들이에요.
　　5. 우리는 미국 사람들이야.

III 1. 네, 사장이에요.
　　2. 아니, 비서가 아니야.
　　3. 네, 은행원이에요.
　　4. 아니요, 중국 사람이 아니에요.
　　5. 네, 아르헨티나 사람이에요.

Lección 4

I 1. 응, 내 여자 형제는 마리아야.
　　2. 아니요, 저는 하이메가 아니에요.
　　3. 아니, 나는 아나가 아니야.
　　4. 네, 부장님은 기예르모예요.
　　5. 응, 내 딸 이름은 라겔이야.

II 1. 쿠바 가수의 이름은 글로리아 에스테판이다.
　　2. 스페인 화가의 이름은 파블로 피카소이다.

3. 아르헨티나 작가의 이름은 호르헤 루이스 보르헤스이다.
4. 스페인 영화배우의 이름은 안토니오 반데라스이다.
5. 멕시코 화가의 이름은 프리다 칼로이다.

Lección 5

I
1. 저는 교수예요.
2. 저는 기술자예요.
3. 저는 화가예요.
4. 저는 의사예요.
5. 저는 가수예요.

II
1. 저는 정치학을 공부해요.
2. 저는 많이 읽고 써요.
3. 저는 클리닉에서 일해요.
4. 저는 비행기를 조종해요.
5. 저는 은행에서 일해요.

Lección 6

I
1. 바는 분위기가 좋아요.
2. 페드로는 키가 커요.
3. 커피숍은 오래되었어요.
4. 아나는 진지해요.
5. 정원은 예뻐요.

II
1. 그 남자분은 기업인이에요.
2. 호세는 군인이에요.
3. 카르멘은 피아니스트예요.
4. 후아나는 비서예요.
5. 페드로는 기타리스트예요.

III
1. 아니요, 그 반지들은 예쁘지 않아요. 못생겼어요.
2. 아니요, 사장님은 온화하지 않아요. 퉁명스러워요.
3. 아니요, 그 자동차는 구식이 아니에요. 최신식이에요.
4. 아니요, 그 책은 싸지 않아요. 비싸요.
5. 아니요, 그 거리는 조용하지 않아요. 소란스러워요.

Lección 7

I
1. 그 책은 새것이에요.
2. 저 부인은 친절해요.
3. 이 빌딩은 높아요.
4. 저 시계는 금으로 되어 있어요.
5. 그 소녀들은 한국 사람들이에요.

II
1. 이 장미꽃은 붉어요.
2. 이 창고는 커요.
3. 그 여학생은 프랑스 사람이에요.
4. 저 남자는 근로자예요.
5. 저 해변은 아름다워요.

III
1. 그것은 교회예요.
2. 저것은 아파트예요.
3. 이것은 디스코텍이에요.
4. 그것은 은행이에요.
5. 저것은 체육관이에요.

Lección 8

I
1. 그 공원은 예뻐요?
2. 이 램프는 비싸요?
3. 저 잡지는 누구의 것이에요?
4. 그 펜션은 어때요?
5. 이 레스토랑은 좋아요?

II
1. 저기 상냥한 남자분이 한 명 계세요.
2. 저기 긴 해변이 하나 있어요.
3. 여기 호화로운 가구가 하나 있어요.
4. 거기 싼 가게가 하나 있어요.
5. 여기 최신 텔레비전이 한 대 있어요.

III
1. 그 분수는 공원 안에 있어요.
2. 그 개들은 안뜰에 있어요.
3. 그 채소들은 냉장고 안에 있어요.
4. 그 수영장은 호텔 안에 있어요.
5. 그 시장은 광장에 있어요.

IV
1. 고양이는 침대 아래에 있어요.
2. 약국은 광장 앞에 있어요.
3. 지갑은 서랍 안에 있어요.
4. 은행은 교회 뒤에 있어요.
5. 관광 사무소는 영화관 왼쪽에 있어요.

Lección 9

I
1. 나는 슈퍼마켓에 가.
2. 우리는 레스토랑에 가.
3. 그들은 소풍 가요.
4. 그녀는 우체국에 가요.
5. 우리는 수업 가요.

II
1. 내일 저는 스페인으로 돌아가요.
2. 영화관은 광장에 있어요.
3. 이것이 Lee의 집이에요.
4. 안또니아가 방을 청소해요.
5. 수프는 맛있어요.

III
1. 그 남자분은 사무실에 있어요.
2. 저는 도서관에서 공부를 해요.
3. 마리솔은 화가 나 있어요.
4. 페르난도는 밤에 집으로 돌아와요.
5. 의사들이 병원에 있어요.

Lección 10

I
1. 난 이웃들에게 인사할 것이다.
2. 넌 수영장에 수영하러 간다.
3. 그는 자동차를 사려고 한다.
4. 우리는 탱고를 춥시다.(추려고 한다.)
5. 그들은 레스토랑에 저녁 식사를 하러 간다.

II
1. 아니, 나는 사무실에서 일을 더 하지 않을 거야.
2. 응, 우리는 자동차를 청소할 거야.
3. 아니요, 호세는 안달루시아를 여행하지 않을 거예요.
4. 응, 우리는 외식을 할 거야.
5. 아니요, 소년들은 축구를 하지 않을 거예요.

III
1. 나는 공원을 산책하려고 해.
2. 그분들은 공항으로 나가려고 해요.
3. 저는 친구들을 만나려고 해요.
4. 우리는 집을 페인트칠하려고 해.
5. 우리는 시험을 위해 공부하려고 해.

Lección 11

I
1. 저는 피자를 만들 수 있어요.
2. 나는 집들을 페인트칠할 수 있어.
3. 우리는 음악을 작곡할 수 있어요.
4. 우리는 플라멩코를 출 수 있어요.
5. 우리는 아이들을 돌볼 수 있어.

II
1. 하이메는 은행에서 일한다.
2. 넌 거리를 걷는다.
3. 우리는 경찰을 부른다.
4. 난 교수님에게 질문한다.
5. 소녀들은 환자를 돕는다.

Lección 12

I
1. 전 해변으로 가고 싶어요.
2. 아이들은 카드 놀이를 하고 싶어 해요.
3. 우리는 사진을 찍고 싶어.
4. 난 박물관을 방문하고 싶어.
5. 그녀는 영어를 배우고 싶어 해요.

II
1. 저는 밀크커피 한 잔을 원해요.
2. 저는 오렌지 1킬로를 원해요.
3. 저는 싱글 룸 하나를 원해요.
4. 저는 스페인어 사전 한 권을 원해요.
5. 저는 아스피린 알약들을 원해요.

III
1. 응, 이미 낡아서 구두를 사고 싶어.

2. 아니요, 집에 많이 있어서 램프를 사고 싶지 않아요.
3. 응, 루이스는 그곳을 여행하기 위해 스페인 지도를 사고 싶어 해.
4. 아니, 방에 공간이 없어서 옷장을 사고 싶어 하지 않아.
5. 아니요, 우리는 기침을 해서 담배를 사고 싶지 않아요.

Lección 13

I
1. 우리의 정원은 매우 아름답다.
2. 당신의 딸은 매우 똑똑하다.
3. 나의 컴퓨터는 매우 최신식이다.
4. 너의 어머니는 매우 관대하시다.
5. 그들의 냉장고는 매우 낡았다.

II
1. 이 컵은 네 것이야.
2. 이 자전거는 우리 것이에요.
3. 이 우산은 너희 것이야.
4. 이 사진들은 제 것이에요.
5. 이 휴대 전화는 그의 것이에요.

Lección 14

I
1. 그녀는 병원에 가야 해요.
2. 난 슈퍼마켓에 가야 해.
3. 넌 창문을 열어야 해.
4. 당신은 우유를 버려야 해요.
5. 우리는 자동차를 정비소로 가져가야 해.

II
1. 월요일에는 세미나에 참여해야 한다.
2. 화요일에는 옷을 세탁해야 한다.
3. 수요일에는 은행에 가야 한다.
4. 목요일에는 오전 10시에 교수님을 만나야 한다.
5. 금요일에는 슈퍼마켓에 장 보러 가야 한다.

Lección 15

I
1. 온화한 날씨예요.
2. 햇살이 강해요.
3. 선선하고 바람도 별로 불지 않아요.
4. 날씨가 매우 추워요.

II
1. 한국인들은 일을 많이 한다.
2. 이 소녀들은 매우 예쁘다.
3. 이 말은 매우 빨리 달린다.
4. 마드리드의 봄 기후는 매우 좋다.
5. 그녀는 항상 말을 많이 한다.

Lección 16

II
1. 오후 3시입니다.
2. 은행은 오전 9시 30분에 엽니다.
3. 저는 오전 10시부터 사무실에 있습니다.
4. 수업은 오후 4시까지 있습니다.
5. 콘서트는 밤 9시에 있습니다.

Lección 17

II
1. 오늘은 목요일입니다.
2. 오늘은 7월 10일입니다.
3. 여름입니다.
4. 내일은 금요일입니다.
5. 모레는 7월 12일입니다.

Lección 18

I
1. 나는 그것을 사고 싶다.
2. 우리는 신문에서 그녀를 구하고 있다.
3. 너는 그것을 보려고 한다.
4. 그들은 그것들을 듣는다.
5. 그는 그것이 필요하다.

II
1. 카밀로는 그것을 데운다.
2. 그녀들은 그것을 페인트칠한다.
3. 우리는 그들에게 인사한다.

4. 너는 그것을 연다.
5. 그들은 그것들을 닫는다.

Lección 19

I
1. 그는 우리에게 그것을 선물한다.
2. 우리는 너에게 그것을 추천한다.
3. 나는 너희에게 그것들을 가지고 온다.
4. 그들은 나에게 그것을 준다.
5. 나는 너에게 그것을 가르쳐 준다.

II
1. 나는 그녀에게 그것을 준다.
2. 교수님은 우리에게 그것을 설명하신다.
3. 시인은 그녀들에게 그것을 받아쓰게 한다.
4. 나의 아버지는 그에게 그것을 판다.
5. 우리는 너희에게 그것을 사 준다.

Lección 20

I
1. 아니요, 저는 달아서 좋아하지 않아요.
2. 응, 나는 잘생겨서 좋아해.
3. 응, 우리는 맛있어서 좋아해.
4. 아니, 그들은 이해하기 어려워서 좋아하지 않아.
5. 네, 우리는 흥미로워서 좋아해요.

II
1. 그 꽃은 매우 아름답다.
2. 그 집은 매우 크다.
3. 그 소년들은 매우 키가 크다.
4. 그 강은 매우 길다.
5. 그 연습 문제들은 매우 쉽다.

III
1. 나도 좋아해.
2. 아니, 난 좋아하지 않아.
3. 네, 저는 매우 좋아해요.
4. 글쎄, 난 좋아해.
5. 저도 좋아하지 않아요.

Lección 21

I
1. 안녕하세요, 뭘 드릴까요?
2. 오렌지 2킬로요. 상태가 어떤가요?
3. 아주 좋아요. 더 필요하신 것 있나요?
4. 아니요, 됐습니다. 얼마예요?
5. 65페소입니다.

II
1. 파코는 카를로스보다 덜 크다.
2. 필라르는 베아트리스보다 더 뚱뚱하다.
3. 후안은 마리오만큼 친절하다.
4. 페드로는 나초보다 덜 똑똑하다.
5. 이네스는 모니카보다 더 예쁘다.

Lección 22

I
1. 나는 아침 6시에 일어난다.
2. 그들은 까만 모자를 쓴다.
3. 너는 구두를 벗는다.
4. 그녀는 아침에 샤워를 한다.
5. 우리는 매우 일찍 잠자리에 든다.

II
1. 우리는 그것을 씻는다.
2. 그녀는 그것을 말린다.
3. 나의 아버지는 그것을 면도한다.
4. 나는 그것을 쓴다.
5. 너는 그것을 벗는다.

Lección 23

I
1. 어제 내 여동생은 아팠다.
2. 그저께 우리는 연극 공연장에 갈 수 없었다.
3. 어젯밤에 너는 글로리아와 데이트할 수 없었다.
4. 지난주에 나는 일이 많았다.
5. 작년에 많은 관광객들이 멕시코에 왔다.

II 1. 레스토랑에서 숯불구이를 먹었어.

2. 사장님을 방문했어요.

3. 교수님은 우리에게 책을 주셨어요.

4. 당신의(너의) 어머니는 빨간 치마를 입으셨어요.

5. 그들은 국립공원에 있었어.

Lección 24

I 1. 난 시골에서 살았어.

2. 제 할아버지는 매우 권위적인 분이셨어요.

3. 우리는 집 근처 공원으로 산책하러 가곤 했어요.

4. 난 5시간 자곤 했어.

5. 저는 외국 회사에서 일을 했었어요.

II 1. 전에 하이메는 부모님에게 전화를 많이 하곤 했었다.

2. 전에는 내 친구들이 나를 방문하곤 했었다.

3. 전에는 낮잠을 많이 자곤 했었다.

4. 전에 나는 영화배우였다.

5. 전에 우리는 조용한 삶을 누리곤 했었다.

Spain

과별로 정리한

본문
어휘집

Lección 1

¡Hola, buenos días!
안녕, 좋은 아침입니다!

hola	안녕(영어의 Hi와 같은 표현)
bueno	ⓐ 좋은, 훌륭한
día	ⓜ 날(日), 하루
café	ⓜ 커피
con	prep ~과, ~을 가진, ~로
leche	ⓕ 우유
favor	ⓜ 호의, 은혜
por favor	부탁합니다(영어의 please에 해당)
valer	ⓥ 가치가 있다 / 본문에서는 "좋습니다", "OK"의 뜻으로 쓰였다.
seguida	ⓕ 연속, 순차
en seguida	즉시
qué	pron (의문대명사) 무엇, 무슨 일
querer	ⓥ 원하다, 좋아하다
Ud.	ⓜ ⓕ 당신, 귀하
solo	ⓐ 단일의, 혼자의
café solo	블랙커피
y	conj ~과, 그리고, 또
churro	ⓜ 추로(일종의 도넛)
papel	ⓜ 종이, 서류, 문서
ver	ⓥ 보다 / "A ver..."는 관용적으로 "자..." 또는 "글쎄요..."의 뜻으로, 말을 시작할 때 많이 쓰는 표현이다.

aquí	adv 여기, 이곳에
tener	v 가지다
gracias	f pl 감사 / Muchas gracias. 대단히 감사합니다.
nada	pron 아무것도 아님, 어떤 일도 없음(영어의 nothing에 해당) / De nada 천만에요. 별말씀을요.
desear	v 원하다, 바라다
copa	f (포도주 등의) 잔, 컵
vino	m 포도주

Lección 2

¿Cómo está Ud.?
요즘 어떻게 지내요?

cómo	adv 어떻게, 뭐라고
bien	adv 잘, 좋게
de	prep ~의, ~에 대해
particular	n 특수한, 특별한
tal	a 이런, 그런
muy	adv 매우
hasta	prep ~까지
luego	adv 곧, 빨리
así	adv 이렇게, 그런 식으로
hombre	m 남자, 사람 / 본문에서는 일종의 감탄사와 같다.
te	pron (간접목적대명사 2인칭 단수) 너에게
pasar	v 지나가다, 발생하다
¿Qué te pasa?	직역하면 "너에게 무슨 일이 일어난 거야?", "무슨 일이야?"라는 뜻이다. (영어의 "What's the matter with you?"와 같은 표현)
resfriado	m 감기 a 감기에 걸린
lástima	f 유감, 가엾음
casa	f 집, 가옥
clase	f 교실, 수업
niño	m 남자아이, 소년
parque	m 공원

calle	(f) 거리, 길
oficina	(f) 사무실
mesa	(f) 테이블, 탁자
vino	(m) 포도주 / vino tinto 적포도주, vino blanco 백포도주
alegre	(a) 기쁜, 즐거운, 유쾌한
ocupado	(a) 바쁜, 자리가 차있는
cocina	(f) 부엌 / los útiles de cocina 요리 기구
sucia	(a) (형용사 sucio의 여성형) 더러운, 지저분한
perro	(m) 개
enfermo	(a) 아픈, 병이 난
caliente	(a) 뜨거운, 더운

Lección 3

¿De dónde es Ud.?
당신은 어느 나라 사람입니까?

dónde	adv (의문부사) 어디에
ser	v ~이다
coreano	m 한국인
español	m 스페인 사람
mexicano	m 멕시코 사람
mucho	a 많은 adv 많이
gusto	m 기호, 취향
encantado	a 매우 좋아하는
español	m 스페인 남자, 스페인어
no	adv 아니요
francés	m 프랑스 남자, 프랑스어
abogado	m 변호사
estudiante	m f 학생
profesor	m 교수
pianista	m f 피아니스트
secretaria	f 여자 비서
turista	m f 관광객
ellos	pron (남성 3인칭 복수 주격 인칭대명사) 그들, 그 사람들
Estados Unidos	m pl 미국
estadounidense	m f 미국 사람
director	m 사장, 지배인
banquero	m 은행원

Lección 4

Su nombre, por favor.
이름을 말씀해주세요.

llamarse	ⓥ ~라고 불리다
señor	ⓜ ~씨, 선생님(남성 존칭)
Lima	리마(남미 페루의 수도)
su	ⓐ (3인칭 소유형용사) 당신의, 그녀의, 그의
escribir	ⓥ 쓰다 / 이때 se를 같이 쓰면 '누구든지 그렇게 쓴다'는 의미가 된다.
aparte	adv 따로, 띄어서
tu	ⓐ (소유형용사 2인칭 단수) 너의
hermana	f 여자 형제(영어의 sister에 해당)
jefe	ⓜ 사장, 부장
hija	f 딸
cantante	ⓜ f 가수
pintor	ⓜ 화가
pintora	f 여류 화가
escritor	ⓜ 작가
escritora	f 여류 작가
cine	ⓜ 영화, 영화관
actor de cine	ⓜ 영화배우
gemelos	ⓜ pl 남자 쌍둥이 / gemelas 여자 쌍둥이
vaca	f 암소
zapato	ⓜ 구두

mujer	f 여자
hierba	f 풀, 허브
cebolla	f 양파

Lección 5

Y tú, ¿qué haces?
그럼 넌 무슨 일을 하니?

hacer	v 하다, 만들다
trabajar	v 일하다, 공부하다
dedicarse	v 종사하다
empresa	f 회사, 기업
y	conj 원래 대등접속사로서 '그리고, ~와'의 뜻인데, 회화에서는 자연스럽게 말문을 열기 위한 표현으로 '그러면' 또는 '그런데' 등 특별한 의미 없이 쓰는 말이다.
vivir	v 살다
centro	m 중심부, 센터, 시내
cerca	adv 가까이에 / cerca de ~근처에
universidad	f 대학
oye	v (동사 oir의 3인칭 단수 현재형) 듣다 / 본문에서는 Tú에 대한 긍정명령형으로 쓰였다. 일반적으로 누군가를 친근하게 부를 때 쓰는 표현이다.
literatura	f 문학
política	f 정치, 정치학
banquero	m 은행가
dentista	m f 치과의사
clínica	f 클리닉, 병원
pilotar	v 조종하다
piloto	m 비행기 조종사, 파일럿
avión	m 비행기

Lección 6

¿Cómo es él?
그는 어떤 사람이에요?

alto	ⓐ 키가 큰, 높은
simpático	ⓐ 상냥한
tímido	ⓐ 내성적인, 소심한
persona	ⓕ 사람
muy	ⓐdv 매우
alegre	ⓐ 기쁜, 유쾌한
rubia	ⓐ (형용사 rubio의 여성형) 금발의
abogada	ⓕ 여자 변호사
o	ⓒonj 아니면, 혹은
sudamericano	ⓜ 남미 남자 ⓐ 남미의
sudamericana	ⓕ 남미 여자 ⓐ 남미의
al contrario	정반대의
habladora	ⓐ (형용사 hablador의 여성형) 말이 많은 ⓕ 수다쟁이 여자
entonces	ⓐdv 그렇다면, 그래서
por qué	왜
callada	ⓐ (형용사 callado의 여성형) 말이 없는, 조용한
conmigo	ⓟron (인칭대명사의 특수결합형) 나와 함께
saber	ⓥ 알다
¡Yo qué sé!	내가 어떻게 알아! 알게 뭐람! / ¡Quién sabe!와 같은 뜻.
limpio	ⓐ 깨끗한

agradable	(a) 분위기 좋은, 온화한
antigua	(a) (형용사 antiguo의 여성형) 오래된
seria	(a) (형용사 serio의 여성형) 진지한, 과묵한
jardín	(m) 정원
bonito	(a) 아름다운, 예쁜, 귀여운
empresario	(m) 기업인
militar	(m) 군인
secretaria	(f) 여자 비서
guitarrista	(m) (f) 기타리스트
anillo	(m) 반지, 고리
feo	(a) 못생긴, 추한
antipático	(a) 퉁명스러운
moderno	(a) 최신의, 현대의
barato	(a) 싼
caro	(a) 비싼
tranquila	(a) (형용사 tranquilo의 여성형) 조용한
ruidosa	(a) (형용사 ruidoso의 여성형) 소란스러운

Lección 7

¿Qué es esto?
이것은 무엇입니까?

reloj	m	시계
quién	pron	누구, 어떤 사람
aquel	pron 저 사람, 저것 a	저
escritor	m	작가
bastante	adv 상당히, 충분히 a	상당한, 충분한
famoso	a	유명한
regalo	m	선물
para	prep	~을 위해
cumpleaños	m pl	생일
veras	f pl	진실, 사실
de veras		진짜로, 정말로
ahora	adv	지금, 현재, 곧, 조금 전
mismo	adv	바로, 곧
ahora mismo		지금, 곧
no A sino B		A가 아니고 B인
porque	conj	~이기 때문에, ~이므로
tu	a	(소유형용사 2인칭단수) 너의
mañana	adv	내일
esposa	f	아내, 부인
gusto	m	기호, 취미, 기쁨
bienvenido	a	환영하는

Bienvenidos	환영합니다
invitación	(f) 초대
adelante	(adv) 앞으로 / 본문에서는 "들어오세요"의 뜻으로 쓰였다.
interesante	(a) 재미있는
nuevo	(a) 새로운
edificio	(m) 건물, 빌딩
oro	(m) 금(金)
chicas	(f) (pl) 여자아이들, 소녀들
rosa	(f) 장미(꽃)
roja	(a) (형용사 rojo의 여성형) 붉은
almacén	(m) 창고, 백화점, 가게
trabajador	(m) 노동자, 근로자
playa	(f) 바닷가, 해변
hermosa	(a) (형용사 hermoso의 여성형) 아름다운, 예쁜
iglesia	(f) 교회, 성당
apartamento	(m) 아파트
discoteca	(f) 디스코텍
gimnasio	(m) 체육관

Lección 8

¿Hay un bar por aquí cerca?
이 근처에 바가 있나요?

perdón	ⓜ 용서, 미안, 죄송
bar	ⓜ 바, 술집
cerca	ⓐdv 가까이
mirar	ⓥ 바라보다
derecha	ⓕ 오른쪽
perdonar	ⓥ 용서하다
parada	ⓕ 정류장
autobús	ⓜ 버스
pues	ⓒonj 그러면, 왜냐하면 / 본문에서는 "저... 그런데..."(말문을 꺼낼 때 별 의미 없이 하는 말)의 뜻으로 쓰였다.
seguir	ⓥ 따라가다, 계속하다
todo recto	곧장, 똑바로, 직진
restaurante	ⓜ 식당, 레스토랑
chino	ⓐ 중국의 ⓜ 중국어
detrás	ⓐdv 뒤에
entonces	ⓐdv 그러면, 그렇다면
coger	ⓥ 잡다, 쥐다
primera	ⓐ (형용사 primero의 여성형) 첫 번째의
calle	ⓕ 거리, 길
muchas	ⓐ (muchos의 여성형 복수) 많은
Correos	ⓜ ⓟl 우체국

segunda	ⓐ (형용사 segundo의 여성형) 두 번째의
izquierda	ⓕ 왼쪽
cien	ⓜ 백, 100
metro	ⓜ 미터, 지하철
coger	ⓥ 잡다, 쥐다
lámpara	ⓕ 램프, 스탠드
revista	ⓕ 잡지
de quién	누구의
pensión	ⓕ 펜션, 작은 호텔
falda	ⓕ 스커트
larga	ⓐ (형용사 largo의 여성형) 긴
mueble	ⓜ 가구
lujoso	ⓐ 사치스런, 호화로운
tienda	ⓕ 가게, 천막
televisor	ⓜ 텔레비전 수상기
moderno	ⓐ 최신의, 현대의
fuente	ⓕ 분수, 샘
patio	ⓜ 안뜰
perro	ⓜ 개
nevera	ⓕ 냉장고
verdura	ⓕ 채소

piscina	(f) 수영장
mercado	(m) 시장
botella	(f) 병
encima	(adv) 위에
gato	(m) 고양이
debajo	(adv) 아래에, 아래로
cama	(f) 침대
farmacia	(f) 약국
delante	(adv) 앞에
billetera	(f) 지갑
dentro	(adv) 속에, 안에
caja	(f) 상자, 서랍
turismo	(m) 관광

Lección 9

¿A dónde va Ud.?
어디 가세요?

supermercado	m 슈퍼마켓
vacaciones	f pl (주로 복수로 사용) 휴가, 방학
costa	f 해안
sol	m 태양
amigo	m 친구
charlar	v 수다떨다, 잡담하다
rato	m 순간, 잠깐
tomar	v 마시다, 잡다
invitar	v 초대하다
cansado	a 피곤한
si	conj 만일, 만약
decir	v 말하다
verdad	f 사실, 진실
fatal	a 치명적인, 죽을 것 같은
excursión	f 소풍
bicicleta	f 자전거
regresar	v 돌아오다
limpiar	v 청소하다
habitación	f 방
sopa	f 수프, 국
deliciosa	a (형용사 delicioso의 여성형) 맛있는, 감미로운
biblioteca	f 도서관
hospital	m 병원

Lección 10

¿Qué vamos a hacer este fin de semana?
이번 주말에 우리는 무엇을 할까요?

fin	m	끝
semana	f	주(週), 한 주간
dar	v	주다
fiesta	f	파티
dar una fiesta		파티를 열다
preparar	v	준비하다
comida	f	식사
quizás	adv	어쩌면, 아마도, 혹시
también	adv	역시, 또한
poder	v	할 수 있다 / poder + 동사 원형 : ~할 수 있다
venir	v	오다
saber	v	알다, 이해하다
generalmente	adv	일반적으로, 보통
alrededor	adv	대략, 주위에
tarde	f	오후 adv 늦게
perfecto	a	완벽한 / 본문에서는 오히려 감탄사에 가까운 "좋아!", "OK!"의 뜻으로 쓰였다.
salir	v	나가다, 출발하다
cenar	v	저녁 식사하다
llegar	v	도착하다
a tiempo		시간에 맞게, 때맞추어

creer	v 믿다, ~라 생각하다
porque	conj ~때문에, ~이므로
puntual	a 시간을 잘 지키는, 확실한
todavía	adv 아직도
saludar	v 인사를 하다
piscina	f 수영장
nadar	v 수영하다
Tango	m 탱고(아르헨티나의 대표적인 춤)
bailar	v 춤추다
vecino	m 이웃
viajar	v 여행하다
comer	v 먹다, 식사하다
fuera	adv 바깥에, 밖으로
jugar	v 놀다, 경기를 하다
fútbol	m 축구
carta	f 편지
pasear	v 산책하다
aeropuerto	m 공항
pintar	v 그림 그리다, (페인트)칠하다
examen	m 시험, 조사, 검사

Lección 11

¿Puedes salir conmigo esta noche?
오늘 밤 나와 데이트할 수 있니?

pena	f	고통, 슬픔
ya	adv	이미, 벌써, 곧
otra	a	(형용사 otro의 여성형) 다른
cita	f	약속
bailar	v	춤추다
Salsa	f	살사(춤)
cómo	adv	(의문부사) 어떻게
lástima	f	유감, 슬픔
tampoco	adv	역시 ~아닌
pasar	v	건네주다, 지나다
con mucho gusto		기꺼이, 흔쾌히
bastante	adv	상당히
famoso	a	유명한
calidad	f	품질
alguna	a	(형용사 alguno의 여성형) 어떤
película	f	영화
francesa	a	(형용사 francés의 여성형) 프랑스의
conmigo	pron	나와 함께
supuesto	m	가설, 가정
por supuesto		분명히, 두말할 것 없이
acuerdo	m	일치, 동의

de acuerdo	알았어, 좋아
tocar	(v) 연주하다, 만지다
pintar	(v) 칠하다, 그림 그리다
componer	(v) 만들다, 작곡하다, 구성하다
cuidar	(v) 돌보다
caminar	(v) 걷다
policía	(f) 경찰(조직)
preguntar	(v) 질문하다
ayudar	(v) 돕다
paciente	(m) (f) 환자

Lección 12

Quiero una habitación individual.
싱글 룸 하나를 원합니다.

habitación	f	방
individual	a	개인의, 개별적인
vista	f	전망, 시각, 시선
pasaporte	m	여권
cama	f	침대
bastante	adv	상당히, 꽤
cómoda	a	(형용사 cómodo의 여성형) 편안한
quedarse	v	머물다
fuera	adv	바깥에
plaza	f	광장
pasta	f	파스타(이탈리아 국수의 일종)
contigo	pron	너와 함께
jugar	v	놀다, (경기나 게임을) 하다
carta	f	카드, 트럼프, 편지
hacer	v	하다, 만들다
foto	f	사진
aprender	v	배우다
inglés	m	영어, 영국인 a 영국의
diccionario	m	사전
naranja	f	오렌지
pastilla	f	알약, 정

aspirina	ⓕ 아스피린
comprar	ⓥ 사다, 구입하다
gafas	ⓕ ⓟⓛ 안경테
gafas de sol	선글라스, 색안경
zapato	ⓜ (주로 복수로 사용) 구두
ya	ⓐⓓⓥ 이미, 벌써
viejo	ⓐ 낡은, 오래된
lámpara	ⓕ 램프, 스탠드
mapa	ⓜ 지도
armario	ⓜ 옷장
espacio	ⓜ 공간
cigarrillo	ⓜ 담배
tos	ⓕ 기침

Lección 13

¿De quién es este cuadro?
이 그림은 누구의 것입니까?

cuadro	ⓜ 그림
profesor	ⓜ 교수
obra	ⓕ 작품, 공사
pequeña	ⓐ (형용사 pequeño의 여성형) 작은
grande	ⓐ 거대한, 큰
cuánto	몇 개의, 얼마만큼의
año	ⓜ 해, 년(年)
chaqueta	ⓕ 재킷
bonita	ⓐ (형용사 bonito의 여성형) 예쁜
además	ⓐdv 게다가, 뿐만 아니라
elegante	ⓐ 우아한
parecer	ⓥ ~인 것 같다
preciosa	ⓐ (형용사 precioso의 여성형) 멋진, 귀한
piso	ⓜ 아파트, 층, 계단
hermoso	ⓐ 아름다운
inteligente	ⓐ 지적인, 똑똑한
computadora	ⓕ 컴퓨터
madre	ⓕ 어머니
generosa	ⓐ (형용사 generoso의 여성형) 관대한, 너그러운
nevera	ⓕ 냉장고
antigua	ⓐ (형용사 antiguo의 여성형) 옛날의, 낡은

novela	f	소설
vaso	m	컵
paraguas	m pl	(단수·복수 동형) 우산
móvil	a	움직이는

Lección 14

Tienes que llegar a tiempo a la conferencia.
너는 제시간에 강연회에 도착해야 해.

llegar	v 도착하다
tiempo	m 시간, 계절
a tiempo	제시간에, 시간에 맞춰
conferencia	f 강연회
terminar	v 끝내다
trabajo	m 일, 작업, 공부
salir	v 나가다, 출발하다
allá	adv 저쪽으로, 그곳에
clase	f 수업, 학급, 등급
primero	adv 우선, 먼저 a 첫 번째의, 제일의
rellenar	v 기입하다, 채워넣다
formulario	m 서류, 서식
llevar	v 가지고 가다, 지니다
decir	v 말하다
llover	v 비가 오다
pues	adv 그럼
pues sí	물론, 그래
viajar	v 여행하다
viaje	m 여행
reservar	v 예약하다
reservación	f 예약
siempre	adv 언제나, 늘, 항상

turista	ⓜ ⓕ 관광객
tener	ⓥ 가지다, 소유하다
¡Que tengan buen viaje!	좋은 여행 되세요!(복수형) / 간단히 ¡Buen viaje!라고도 많이 쓴다.
enferma	ⓐ (형용사 enfermo의 여성형) 아픈, 병든
calor	ⓜ 열, 더위
pasada	ⓐ (형용사 pasado의 여성형) 지나간, 부패한
roto	ⓐ (동사 romper의 과거분사형) 깨진, 고장 난
abrir	ⓥ 열다, 개시하다
ventana	ⓕ 창, 창문
taller	ⓜ 공장, 작업장
tirar	ⓥ 버리다, 던지다
lunes	ⓜ 월요일
martes	ⓜ 화요일
miércoles	ⓜ 수요일
jueves	ⓜ 목요일
viernes	ⓜ 금요일
participar	ⓥ 참여하다
seminario	ⓜ 세미나
lavar	ⓥ 씻다
ropa	ⓕ 옷, 의류

Lección 15

¡Hace mucho calor hoy!
오늘 날씨가 무척 덥군요!

hacer	v	하다, 만들다 / 본문에서는 날씨를 나타내는 동사 hacer의 특수용법으로 쓰였다.
calor	m	더위
verdad	f	사실, 진실 / 본문에서는 부가의문문으로 "그렇지요?"라는 뜻으로 쓰였다.
hombre	m	사람, 남자 / 본문에서는 일종의 감탄어로 쓰였다.
tiempo	m	시간, 날씨, 기후
fresco	a	시원한, 선선한
primavera	f	봄
verano	m	여름
otoño	m	가을
invierno	m	겨울
depender	v	의존하다, ~에 달려있다 / depende de + 명사/구: ~에 달려있다
lugar	m	지역, 장소
norte	m	북쪽
a veces		때때로, 가끔
en cambio		반면에, 이에 반해
sur	m	남쪽
tanto	adv	그렇게 많이
bañarse	v	목욕하다, 수영하다
media	a	(형용사 medio의 여성형) 반, 1/2

hora	[f] 1시간
media hora	30분
necesitar	[v] 필요하다
descansar	[v] 휴식하다
un poco más	조금 더
mientras tanto	그러는 동안, 그 사이에
pronto	[adv] 곧, 빠르게
guapa	[a] (형용사 guapo의 여성형) 귀여운, 예쁜
caballo	[m] 말(馬)
correr	[v] 달리다
rápido	[adv] 빠르게
hablar	[v] 말하다, 이야기하다

Lección 16

¿A qué hora es el cine?
영화는 몇 시에 시작하나요?

hora	f	시각, 시간
menos	adv	더 적은, 보다 못하게
cuarto	m	15분, 4분의 1
punto	m	점, 끝, 포인트
en punto		정각
todavía	adv	아직 ~하지 않은
descansar	v	휴식하다
tener	v	가지다
sed	f	갈증
tener sed		목마르다
concierto	m	콘서트
juntos	adv	함께
perfecto	a	완벽한 / 일반적으로 회화에서는 "좋아."라는 의미로 매우 자주 쓰인다.
quedar	v	머물다, 있다, 약속하다

Lección 17

¿Qué día es hoy?
오늘이 무슨 요일이지요?

día	m 날, 하루
fecha	f 날짜
junio	m 6월
algo	pron 무언가
examen	m 시험
tranquilo	a 침착한, 조용한
aún	adv 아직, 여전히
tiempo	m 시간
aniversario	m 기념일
boda	f 결혼
verdad	f 사실, 진실
casi	adv 거의 ~한, 대략
lo	pron (남성 3인칭 직접목적대명사) 그것을
olvidar	v 잊다

Lección 18

Te llamo después de terminar la reunión.
모임이 끝난 뒤에 너에게 전화할게.

creer	ⓥ 믿다, 생각하다
reunión	f 모임, 회의
solo	ⓐ 단독의, 혼자의
después	adv 나중에, 후에 / después de + 동사 원형 : ~한 뒤에
oir	ⓥ 듣다
bien	adv 잘, 꽤
esperar	ⓥ 기다리다
llamar	ⓥ 부르다, 전화하다
decir	ⓥ 말하다
encontrar	ⓥ 만나다, 마주치다
compañero	m 동료, 친구
dejar	ⓥ 놓다, 방치하다, 허락하다, 빌려주다
algún	ⓐ (형용사 alguno의 o 탈락형) 어떤
recado	m 메시지, 전갈
volver	ⓥ 돌아오다 / volver a + 동사 원형 : 다시 ~하다
Aló	(주로 중남미에서 사용) 여보세요?
ocupada	ⓐ (형용사 ocupado의 여성형) 바쁜, 자리가 찬
estos días	요즘
deber	ⓥ ~할 의무가 있다 / deber + 동사 원형 : ~해야 한다
olvidar	ⓥ 잊다, 망각하다
a menudo	자주

buscar	v 찾다, 구하다
periódico	m 신문
Almodóvar, Pedro	스페인을 대표하는 세계적인 영화 감독, 대표작으로 <내 어머니의 모든 것>, <그녀에게> 등이 있다.
canción	f 노래
Mecano	스페인의 3인조 보컬 그룹. 여성 리드 싱어의 맑은 목소리가 매우 매력적이다.
calentar	v 가열하다, 끓이다
pared	f 벽, 담
saludar	v ~을 인사하다 / 우리말 해석상으로는 "~에게 인사하다"가 된다.
puerta	f 문, 출입구
cerrar	v 닫다

Lección 19

¿Me deja el periódico un momento?
제게 신문을 잠깐 빌려주시겠어요?

dejar	ⓥ 허락하다, 놓다
leyendo	ⓥ (동사 leer(읽다)의 현재분사형) 읽으면서
comprar	ⓥ 사다
cinturón	ⓜ 벨트, 띠
billetera	ⓕ 지갑
como	conj ~대로, ~한 것처럼
querer	ⓥ 좋아하다
dar	ⓥ 주다
igual	ⓐ 똑같은
mes	ⓜ (한) 달(月)
declarar	ⓥ 신고하다
solo	adv 오직, 단지
ropa	ⓕ 옷, 의류
regalo	ⓜ 선물
plato	ⓜ 요리, 접시
recomendar	ⓥ 추천하다
churrasco	ⓜ 숯불에 구운 고기. 특히 중남미 쪽의 요리로 유명하며 매우 대중적이다.
especialidad	ⓕ 전문(성), 전문 요리
aconsejar	ⓥ 충고하다
vino	ⓜ 포도주

delicioso	(a) 맛있는, 감미로운
preferir	(v) 선호하다 / preferir A a B : A를 B보다 더 좋아하다
disco	(m) 디스크
compacto	(a) 밀집한, 빽빽한 / disco compacto 콤팩트 디스크
traer	(v) 가지고 오다, 데려오다
galleta	(f) 비스킷
ramo	(m) 다발
enseñar	(v) 보여주다, 가르치다
explicar	(v) 설명하다
dictar	(v) 구술하다, 받아쓰게 하다
padre	(m) 아버지
vender	(v) 팔다
extranjero	(m) 외국인
muñeca	(f) 인형, 손목

Lección 20

Me gusta mucho la paella.
난 파에야를 무척 좋아해.

latina	ⓐ (형용사 latino의 여성형) 라틴계의
¿cómo no?	물론이지, 당연하지
muchísimo	adv 대단히
gustar	ⓥ 좋아하다
tanto	adv 그토록, 그렇게
más	adv 더 많이, 보다 더
rock	ⓜ (음악) 록
nada	adv 전혀 ~하지 않다
blues	ⓜ (음악) 블루스
romántico	ⓐ 로맨틱한, 낭만적인
pescado	ⓜ 생선
buscar	ⓥ 찾아다니다, 추구하다
de	prep ~의, ~에 대한
aburrida	ⓐ (형용사 aburrido의 여성형) 따분한
dulce	ⓐ 달콤한
abstracta	ⓐ (형용사 abstracto의 여성형) 추상적인
difícil	ⓐ 어려운
entender	ⓥ 이해하다, 납득하다
policíaca	ⓐ (형용사 policíaco의 여성형) 탐정의
la novela policíaca	탐정소설
río	ⓜ 강

largo	a	긴
fácil	a	쉬운
cerveza	f	맥주
golf	m	골프

Lección 21

¿Cuánto es este sombrero?
이 모자는 얼마입니까?

sombrero	m	모자
euro	m	유로화(유럽 공동체의 화폐 단위)
bolso	m	가방
barato	a	가격이 싼
mirar	v	바라보다
manzana	f	사과
algo	pron	어떤 것(영어의 something에 해당)
pequeño	a	작은
zapato	m	구두
marrón	a	갈색의 m 갈색
número	m	치수, 수
más	adv	더
grande	a	큰
caro	a	비싼
tacón	m	(구두의) 굽
parecer	v	~인 것 같다, ~처럼 보이다
gris	a	회색의 m 회색
cómodo	a	편안한
gorda	a	(형용사 gordo의 여성형) 뚱뚱한, 살찐

Lección 22

¿A qué hora te levantas?
너는 몇 시에 일어나니?

levantarse	v 일어나다
generalmente	adv 일반적으로
quitarse	v 벗다
abrigo	m 외투
corbata	f 넥타이
azul	a 푸른, 청색의 m 푸른색
verde	a 녹색의 m 녹색, 초록색
raya	f 줄, 선 / a rayas 줄무늬의
depender	v 의존하다, ~에달려있다 / depende de + 명사/구 : ~에달려있다
normalmente	adv 일반적으로, 보통
costumbre	f 습관, 관습
temprano	adv 이른, 일찍
mano	f 손
mujer	f 여자, 아내
pelo	m 털, 머리카락
afeitarse	v 면도하다
barba	f 수염
abrigo	m 외투

Lección 23

Fui al río a pescar.
강으로 낚시를 하러 갔었어요.

fui	ⓥ 동사 ir(가다)의 직설법 부정과거 1인칭 단수형
río	ⓜ 강(江)
pescar	ⓥ 낚시하다
edad	ⓕ 나이
anoche	adv 지난밤에, 어젯밤에
amiga	ⓕ 여자친구
exposición	ⓕ 전시회, 박람회
internacional	ⓐ 국제적인
fantástica	ⓐ (형용사 fantástico의 여성형) 환상적인, 굉장한
mudarse	ⓥ 옮기다, 이주하다
hacer	ⓥ 하다, 만들다 / 본문에서는 [hace ... que ~ : ~한 지 ... 되다]라는 기간을 말할 때 쓰는 특수용법.
en vez de	~대신에
pareció	ⓥ 동사 parecer(~인 것 같다)의 직설법 부정과거 3인칭 단수형
país	ⓜ 나라, 국가
negocio	ⓜ 사업
hermana	ⓕ 누이, 언니, 누나
carne asada	숯불구이

Lección 24

Cuando yo era niño, vivía en un pueblo.
어렸을 때 난 시골에서 살았어.

pueblo	m 마을, 시골
sur	m 남쪽
vacaciones	f pl 휴가, 방학
casi	adv 거의, 하마터면
llamé	v 동사 llamar(전화하다, 부르다)의 직설법 부정과거 1인칭 단수형
contestó	v 동사 contestar(대답하다)의 직설법 부정과거 3인칭 단수형
nadie	pron 아무도 ~하지 않다
invitado	m 초대받은 사람
cena	f 저녁식사
contento	a 만족한, 즐거운
a veces ... **otras veces ...**	가끔은 ~, 또 다른 때는 ~
disfrutar	v 즐기다, 향유하다
ciudadana	a (형용사 ciudadano의 여성형) 도시의
aburrida	a (형용사 aburrido의 여성형) 지겨운, 지루한
pensar	v 생각하다
cuestión	f 질문, 문제
acostumbrarse	v 습관을 들이다, 익숙해지다
antes	adv 전에
abuelo	m 할아버지
autoritario	a 권위적인
dormías	v 동사 dormir(자다)의 직설법 불완료과거 2인칭 단수형

empresa	(f) 회사
extranjera	(a) (형용사 extranjero의 여성형) 외국의, 낯선
siesta	(f) 낮잠
llevar	(v) 가지고 가다, (어떠한 삶을) 살다
tranquila	(a) (형용사 tranquilo의 여성형) 조용한, 평온한

주요 동사의

현재
변화형

주요동사의 현재 변화형

desear 바라다

인칭	단수		복수	
1	yo	**deseo**	nosotros/as	**deseamos**
2	tú	**deseas**	vosotros/as	**deseáis**
3	Ud. / él / ella	**desea**	Uds. / ellos / ellas	**desean**

estar 있다

인칭	단수		복수	
1	yo	**estoy**	nosotros/as	**estamos**
2	tú	**estás**	vosotros/as	**estáis**
3	Ud. / él / ella	**está**	Uds. / ellos / ellas	**están**

ser ~이다

인칭	단수		복수	
1	yo	**soy**	nosotros/as	**somos**
2	tú	**eres**	vosotros/as	**sois**
3	Ud. / él / ella	**es**	Uds. / ellos / ellas	**son**

llamar 부르다

인칭	단수		복수	
1	yo	**llamo**	nosotros/as	**llamamos**
2	tú	**llamas**	vosotros/as	**llamáis**
3	Ud. / él / ella	**llama**	Uds. / ellos / ellas	**llaman**

hacer 하다

인칭	단수		복수	
1	yo	hago	nosotros/as	hacemos
2	tú	haces	vosotros/as	hacéis
3	Ud. / él / ella	hace	Uds. / ellos / ellas	hacen

dedicarse 종사하다

인칭	단수		복수	
1	yo	me dedico	nosotros/as	nos dedicamos
2	tú	te dedicas	vosotros/as	os dedicáis
3	Ud. / él / ella	se dedica	Uds. / ellos / ellas	se dedican

vivir 살다

인칭	단수		복수	
1	yo	vivo	nosotros/as	vivimos
2	tú	vives	vosotros/as	vivís
3	Ud. / él / ella	vive	Uds. / ellos / ellas	viven

saber 알다

인칭	단수		복수	
1	yo	sé	nosotros/as	sabemos
2	tú	sabes	vosotros/as	sabéis
3	Ud. / él / ella	sabe	Uds. / ellos / ellas	saben

주요동사의 현재 변화형

dar 주다

인칭	단수		복수	
1	yo	**doy**	nosotros/as	**damos**
2	tú	**das**	vosotros/as	**dais**
3	Ud./él/ella	**da**	Uds./ellos/ellas	**dan**

seguir 따르다

인칭	단수		복수	
1	yo	**sigo**	nosotros/as	**seguimos**
2	tú	**sigues**	vosotros/as	**seguís**
3	Ud./él/ella	**sigue**	Uds./ellos/ellas	**siguen**

ir 가다

인칭	단수		복수	
1	yo	**voy**	nosotros/as	**vamos**
2	tú	**vas**	vosotros/as	**vais**
3	Ud./él/ella	**va**	Uds./ellos/ellas	**van**

tener 가지다

인칭	단수		복수	
1	yo	**tengo**	nosotros/as	**tenemos**
2	tú	**tienes**	vosotros/as	**tenéis**
3	Ud./él/ella	**tiene**	Uds./ellos/ellas	**tienen**

poder 할 수 있다

인칭	단수		복수	
1	yo	**puedo**	nosotros/as	**podemos**
2	tú	**puedes**	vosotros/as	**podéis**
3	Ud. / él / ella	**puede**	Uds. / ellos / ellas	**pueden**

venir 오다

인칭	단수		복수	
1	yo	**vengo**	nosotros/as	**venimos**
2	tú	**vienes**	vosotros/as	**venís**
3	Ud. / él / ella	**viene**	Uds. / ellos / ellas	**vienen**

querer 좋아하다

인칭	단수		복수	
1	yo	**quiero**	nosotros/as	**queremos**
2	tú	**quieres**	vosotros/as	**queréis**
3	Ud. / él / ella	**quiere**	Uds. / ellos / ellas	**quieren**

parecer ~인 것 같다

인칭	단수		복수	
1	yo	**parezco**	nosotros/as	**paracemos**
2	tú	**pareces**	vosotros/as	**parecéis**
3	Ud. / él / ella	**parece**	Uds. / ellos / ellas	**parecen**

주요동사의 현재 변화형

llegar 도착하다

인칭	단수		복수	
1	yo	**llego**	nosotros/as	**llegamos**
2	tú	**llegas**	vosotros/as	**llegáis**
3	Ud./él/ella	**llega**	Uds./ellos/ellas	**llegan**

necesitar 필요하다

인칭	단수		복수	
1	yo	**necesito**	nosotros/as	**necesitamos**
2	tú	**necesitas**	vosotros/as	**necesitáis**
3	Ud./él/ella	**necesita**	Uds./ellos/ellas	**necesitan**

quedar 있다, 남다

인칭	단수		복수	
1	yo	**quedo**	nosotros/as	**quedamos**
2	tú	**quedas**	vosotros/as	**quedáis**
3	Ud./él/ella	**queda**	Uds./ellos/ellas	**quedan**

olvidar 잊다

인칭	단수		복수	
1	yo	**olvido**	nosotros/as	**olvidamos**
2	tú	**olvidas**	vosotros/as	**olvidáis**
3	Ud./él/ella	**olvida**	Uds./ellos/ellas	**olvidan**

creer 믿다

인칭	단수		복수	
1	yo	**creo**	nosotros/as	**creemos**
2	tú	**crees**	vosotros/as	**creéis**
3	Ud. / él / ella	**cree**	Uds. / ellos / ellas	**creen**

preferir 선호하다

인칭	단수		복수	
1	yo	**prefiero**	nosotros/as	**preferimos**
2	tú	**prefieres**	vosotros/as	**preferís**
3	Ud. / él / ella	**prefiere**	Uds. / ellos / ellas	**prefieren**

buscar 찾다, 구하다

인칭	단수		복수	
1	yo	**busco**	nosotros/as	**buscamos**
2	tú	**buscas**	vosotros/as	**buscáis**
3	Ud. / él / ella	**busca**	Uds. / ellos / ellas	**buscan**

sentir 느끼다

인칭	단수		복수	
1	yo	**siento**	nosotros/as	**sentimos**
2	tú	**sientes**	vosotros/as	**sentís**
3	Ud. / él / ella	**siente**	Uds. / ellos / ellas	**sienten**

주요동사의 현재 변화형

levantarse 일어나다

인칭	단수		복수	
1	yo	me levanto	nosotros/as	nos levantamos
2	tú	te levantas	vosotros/as	os levantáis
3	Ud. / él / ella	se levanta	Uds. / ellos / ellas	se levantan

poner 놓다

인칭	단수		복수	
1	yo	pongo	nosotros/as	ponemos
2	tú	pones	vosotros/as	ponéis
3	Ud. / él / ella	pone	Uds. / ellos / ellas	ponen

salir 나가다

인칭	단수		복수	
1	yo	salgo	nosotros/as	salimos
2	tú	sales	vosotros/as	salís
3	Ud. / él / ella	sale	Uds. / ellos / ellas	salen

pensar 생각하다

인칭	단수		복수	
1	yo	pienso	nosotros/as	pensamos
2	tú	piensas	vosotros/as	pensáis
3	Ud. / él / ella	piensa	Uds. / ellos / ellas	piensan

oir 듣다

인칭	단수		복수	
1	yo	**oigo**	nosotros/as	**oímos**
2	tú	**oyes**	vosotros/as	**oís**
3	Ud. / él / ella	**oye**	Uds. / ellos / ellas	**oyen**

leer 읽다

인칭	단수		복수	
1	yo	**leo**	nosotros/as	**leemos**
2	tú	**lees**	vosotros/as	**leéis**
3	Ud. / él / ella	**lee**	Uds. / ellos / ellas	**leen**

Spain

국명	형용사(남성형)	형용사(여성형)
Perú 페루	peruano	peruana
Polonia 폴란드	polaco	polaca
Portugal 포르투갈	portugués	portuguesa
Puerto Rico 푸에르토리코	portorriqueño	portorriqueña
***R.Dominicana** 도미니카 공화국	dominicano	dominicana
Rusia 러시아	ruso	rusa
El Salvador 엘살바도르	salvadoreño	salvadoreña
Suecia 스웨덴	sueco	sueca
Suiza 스위스	suizo	suiza
Turquía 튀르키예	turco	turca
Uruguay 우루과이	uruguayo	uruguaya
Venezuela 베네수엘라	venezolano	venezolana

*R.Dominicana = República dominicana

국적 형용사의 형태

1. "~o"로 끝난 국적형용사의 여성형은 o를 a로 바꾼다.
2. 자음으로 끝나면서 tilde를 갖는 국적형용사의 여성형은 a를 첨가하고 tilde를 생략한다.
3. 그 이외는 대부분 남·여 동형이다. (관사로 성을 구분함)

국명	형용사(남성형)	형용사(여성형)
*E.U.A 미국	estadounidense	estadounidense
Filipinas 필리핀	filipino	filipina
Francia 프랑스	francés	francesa
Grecia 그리스	griego	griega
Guatemala 과테말라	guatemalteco	guatemalteca
Honduras 온두라스	hondureño	hondureña
Inglaterra 영국(잉글랜드)	inglés	inglesa
Gran Bretaña 대영제국	británico	británica
Israel 이스라엘	israelita, israelí	israelita, israelí
Italia 이탈리아	italiano	italiana
Japón 일본	japonés	japonesa
México 멕시코	mexicano	mexicana
Nicaragua 니카라과	nicaragüense	nicaragüense
Panamá 파나마	panameño	panameña
Paraguay 파라과이	paraguayo	paraguaya

*E.U.A = (Los)Estados Unidos de América

국명	형용사(남성형)	형용사(여성형)
Corea 한국	coreano	coreana
Alemania 독일	alemán	alemana
Arabia 아라비아	árabe	árabe
Argentina 아르헨티나	argentino	argentina
Bélgica 벨기에	belga	belga
Bolivia 볼리비아	boliviano	boliviana
Brasil 브라질	brasileño	brasileña
Canadá 캐나다	canadiense	canadiense
Chile 칠레	chileno	chilena
China 중국	chino	china
Colombia 콜롬비아	colombiano	colombiana
Costa Rica 코스타리카	costarricense	costarricense
Cuba 쿠바	cubano	cubana
Ecuador 에콰도르	ecuatoriano	ecuatoriana
Egipto 이집트	egipcio	egipcia

스페인어

국적
형용사